中学校理科サポートBOOKS

手軽にできる！
中学校理科
観察・実験の
アイデア50

青野裕幸 著

明治図書

はじめに

　私たちの学校現場を取り巻く環境は，日に日に厳しさを増しています。実に多くの要求が学校に寄せられ，その処理に多大な時間を奪われているのが実情でしょう。それでも手を抜かずに，なんとか楽しくわかりやすい授業を展開したいという，日本の教員の使命感によって辛うじて維持できているというのもまた事実ではないでしょうか。

　同時に，生徒を取り巻く環境は，とてつもない速さで変化し，忙しく駆け回っている大人がなかなか追いつくことができないような状況にもなっています。

　簡単に利用できる SNS や動画配信サイトで，学校で学ぶような内容についても閲覧することは可能です。実際に多くの生徒たちが利用しているでしょう。

　学校でできることを考えてみましょう。それはきっと直接体験なのではないかと思っています。知識として知っていることと，実際に手を動かしてやってみることには大きな違いがあります。

　デジタルネイティブと言われる現在の生徒たち，これからの生徒たちの原体験は，知識として知っていることと随分乖離してきているような気がしています。その現状を打破できるのが，学校であって，理科の実験なのではないでしょうか。

　デジタル教科書が導入され，やったような気になることができることもどんどん増えてきているのは事実ですが，実際に自分の手でつくり，動かし，生の音を聞き，匂いを嗅ぎ，目に焼きつける。それをできるのが学校の理科かもしれません。

先日，ある理科教材のサイトを見ていると，「ガスバーナーの点火の仕方」というものがありました。確かによくできているサイトかもしれませんが，実際にマッチを擦って（今はこれすらなくなりつつありますが），ドキドキしながら着火してみる。やがてそれも普通にできるようになってというのが大切なのではないでしょうか。

　本書では，「ちょっと危険かもしれない」と思うような実験もいくつか含まれています。例えば，不沈子の実験ではガラスを使っています。ガスバーナーをバーチャルでやっているようでは到底できないのですが，実際にやってみると，相当面白いようで，色々工夫して自分たちで安全に気をつけながら作業するようになってきます。本物がもっている魅力というのがそういうことなのだろうと思うのです。

　教科書にも工夫された多くの観察・実験が導入されていますが，本書にはもう一工夫されたものや手軽にできるもの，もう少し深く考えることができるものを取り入れてみました。
　準備の時間もできるだけ少なくできるように工夫をしてみました。もちろんさらなる工夫をできるものもあるでしょう。そんな工夫を始めるきっかけにもしていただけると幸いです。

　本書が生徒たちの本当の力を引き出すきっかけになることができたら幸いです。

2018年7月

青野　裕幸

Contents
もくじ

はじめに ……………………………………………………………………… 3
本書の観察・実験を行う上でのご注意 …………………………………… 12

第1章
手軽にできる！
観察・実験のポイント

1　理科好きを育てるには，やっぱり観察・実験の充実を！ …………… 14

2　観察・実験で生徒をグッと引き込むポイント ………………………… 16

3　生徒を引き込むネタ探しのポイント …………………………………… 18

4　安全指導のポイント ……………………………………………………… 20

第2章

手軽にできる！観察・実験のアイデア 50

■1年■

物理分野

1 アルミパイプで光の反射を見てみよう！ …… 24
（身近な物理現象／光と音）

2 ブラックライトで身近なものを観察し，紫外線の利用を考えよう！ …… 26
（身近な物理現象／光と音）

3 スマートフォンで火を消して，音の波を実感しよう！ …… 28
（身近な物理現象／光と音）

4 シャボン膜の性質を調べて，表面張力を実感しよう！ …… 30
（身近な物理現象／力の働き）

化学分野

5 表面が銀色のものの，正体を調べてみよう！ …… 32
（身の回りの物質／物質のすがた）

6 ペットボトルを使って，二酸化炭素の重さを確認しよう！ …… 34
（身の回りの物質／物質のすがた）

7 　醤油を使って，有機物・無機物を調べよう！ ———————————— 36
　　（身の回りの物質／水溶液）

8 　尿素を使って，結晶が析出する様子を観察しよう！ —————— 38
　　（身の回りの物質／水溶液）

9 　ポップコーンの観察で，水の体積変化を実感しよう！ ————— 40
　　（身の回りの物質／状態変化）

生物分野

10 　八百屋の野菜や果物で，果実のつくりを観察しよう！ ————— 42
　　（いろいろな生物とその共通点／生物の体の共通点と相違点）

11 　手のモデルをつくって，複雑な動きと骨の関係を確かめよう！ —— 44
　　（いろいろな生物とその共通点／生物の体の共通点と相違点）

12 　手羽先の骨格標本で，筋肉と骨のつながりを観察しよう！ ——— 46
　　（いろいろな生物とその共通点／生物の体の共通点と相違点）

地学分野

13 　珪藻土から化石を探そう！ ———————————————————— 48
　　（大地の成り立ちと変化／地層の重なりと過去の様子）

14 　羊羹を使ったボーリング調査で，地層の重なりを調べてみよう！ — 50
　　（大地の成り立ちと変化／地層の重なりと過去の様子）

15 　山のモデルをつくって，観察しよう！ ————————————— 52
　　（大地の成り立ちと変化／火山と地震）

16 　津波のシミュレーションモデルで，波の動きを観察しよう！ —— 54
　　（大地の成り立ちと変化／自然の恵みと火山災害・地震災害）

■2年■

物理分野

17　LED で，直流と交流の違いを確かめよう！ ⸺⸺⸺⸺⸺ 56
　　（電流とその利用／電流）

18　シャープペンシルの芯で，エジソン電球を再現しよう！ ⸺⸺⸺ 58
　　（電流とその利用／電流）

19　ミニ雷発生装置をつくって，電流が流れる様子を観察しよう！ ⸺ 60
　　（電流とその利用／電流）

20　アルミ缶で，静電気の性質を調べよう！ ⸺⸺⸺⸺⸺⸺ 62
　　（電流とその利用／電流）

21　アルミニウムのブランコで，電磁石をつくってみよう！ ⸺⸺ 64
　　（電流とその利用／電流と磁界）

化学分野

22　シリコンチューブで，ダイナミックに水の合成をしてみよう！ ⸺ 66
　　（化学変化と原子・分子／化学変化）

23　身近なものを使って，発熱反応・吸熱反応を確かめよう！ ⸺⸺ 68
　　（化学変化と原子・分子／化学変化）

24　線香花火をつくって，鉄粉の燃焼の様子を確かめよう！ ⸺⸺ 70
　　（化学変化と原子・分子／化学変化）

生物分野

25 ヨウ素デンプン反応を，手軽にはっきり見てみよう！ ———— 72
(生物の体のつくりと働き／植物の体のつくりと働き)

26 紙と水を使って，植物が水を吸い上げるしくみを確かめよう！ ———— 74
(生物の体のつくりと働き／植物の体のつくりと働き)

27 色々な気孔をいつでも観察できる標本をつくってみよう！ ———— 76
(生物の体のつくりと働き／植物の体のつくりと働き)

28 カイワレダイコンで，手軽に道管を観察しよう！ ———— 78
(生物の体のつくりと働き／植物の体のつくりと働き)

29 フルーツのタンパク質分解酵素のはたらきを実感しよう！ ———— 80
(生物の体のつくりと働き／動物の体のつくりと働き)

30 キノコの酵素で，タンパク質の分解を見てみよう！ ———— 82
(生物の体のつくりと働き／動物の体のつくりと働き)

地学分野

31 マグデブルグ半球で，大気圧の大きさを実感しよう！ ———— 84
(気象とその変化／気象観測)

32 手の熱で上昇気流をつくり，翼を回してみよう！ ———— 86
(気象とその変化／天気の変化)

33 前線モデルをつくって，暖気と寒気がぶつかる様子を観察しよう！ ———— 88
(気象とその変化／天気の変化)

34 トレイの中に，カルマン渦をつくってみよう！ ———— 90
(気象とその変化／天気の変化)

もくじ　9

■3年■

物理分野

35 本格的な浮沈子をつくって，浮力と力のつりあいを観察しよう！ 92
（運動とエネルギー／力のつり合いと合成・分解）

36 インスタント味噌汁で，慣性の法則を実感しよう！ 94
（運動とエネルギー／運動の規則性）

37 ワインボトルを使って，慣性の法則を実感しよう！ 96
（運動とエネルギー／運動の規則性）

38 鉄球を飛ばして，磁力による運動の変化を調べよう！ 98
（運動とエネルギー／力学的エネルギー）

39 ビーズを使って，低摩擦の世界を見てみよう！ 100
（運動とエネルギー／力学的エネルギー）

化学分野

40 小さなたれ瓶で，簡易電気分解装置をつくろう！ 102
（化学変化とイオン／水溶液とイオン）

41 ジュースやカレー粉を指示薬にして，水溶液の性質を調べよう！ 104
（化学変化とイオン／水溶液とイオン）

42 中和で塩をつくろう！ 106
（化学変化とイオン／水溶液とイオン）

43 バイルシュタイン試験で，プラスチックの分類をしよう！ 108
（科学技術と人間／エネルギーと物質）

生物分野

44 プレパラートをつくって，様々な花粉のつくりを観察しよう！ ————— 110
（生命の連続性／生物の成長と殖え方）

45 ピーターコーンで，メンデルの実験を追体験しよう！ ————— 112
（生命の連続性／遺伝の規則性と遺伝子）

46 フクロウのペリットで，食物連鎖のイメージを実感しよう！ ————— 114
（自然と人間／生物と環境）

47 米麹を使って，分解者の働きを実感しよう！ ————— 116
（自然と人間／生物と環境）

地学分野

48 デジタル地球儀「ダジックアース」で，リアルな地球を観察しよう！ ——— 118
（地球と宇宙／天体の動きと地球の自転・公転）

49 手づくり高度計で，太陽の高度をはかってみよう！ ————— 120
（地球と宇宙／天体の動きと地球の自転・公転）

50 発泡トレイの上で，小さなオリオン座をつくろう！ ————— 122
（地球と宇宙／太陽系と恒星）

おわりに ————— 124

本書の観察・実験を行う上でのご注意
※必ずお読みください

　本書に掲載している観察・実験は，中学生以上を対象に，中学校理科の先生の監督のもと，中学校の理科室で行うことを想定しております。

　いずれの観察・実験も，必ず事前に予備実験を行い，安全を確保できる条件を整えたうえで行うようにしてください。

　火気・薬品・刃物等を用いる観察・実験も掲載しております。それらは特に安全に十分配慮の上行ってください。

　本書に掲載している観察・実験を行ったことで生じた不利益について，筆者，出版社およびその関係者は一切の責任を負いかねます。

第1章

手軽にできる！観察・実験のポイント

理科好きを育てるには，
やっぱり観察・実験の充実を！

❶実験教室で見えてくること

　最近，自分たちが組織したグループで子ども向けの実験体験教室を開催することがあります。子どもが実際に作業したり，標本をつくって持ち帰ったりするように仕向けています。面白いことに，引率で来ていたはずの保護者の方たちも，いつの間にか参加したり，むしろ積極的に質問したりということが多いのです。

　制限時間が来て片付けるときなどには，必ず保護者の方が「楽しかったです」とか「学生時代を思い出しました」とか「やっぱり理科って楽しいですね」という感想を伝えてくれるのです。

　もちろん，実験に興味がある保護者だから子どもたちを連れてきてくれているという面はあるでしょうが，大人でも「あー懐かしい」とか「知らなかった」という感想をもってくれて，前述のような言葉を伝えてくれるのです。

❷オーストラリアで教えられたこと

　そもそも大抵の場合，実際にものを扱って，そこからいろいろなことを学び取ることができるという独特の教科である理科は，楽しくないはずがありません。それがいつしか「理科離れ」という単語が一人歩きしたり，科学立国の危機説が報道されたりと，私たちを取り巻く環境が変化してきたのです。

　オーストラリアの高校の授業を見学させてもらったことがあります。実験の前に十分論議し，その後実験をすることで，集中力も結果の分析も全く異なるのだと痛感させられました。その実験は単純なオームの法則のものでしたが，生徒たちは真剣に話し合っています。その授業後に，ディスカッションがもたれました。その中で，日本の理科の授業で論議が活発にならない理

由の１つは「塾などですでに『理屈』や『結果』を知っているからなのでは」という意見が出されました。

実際に「比例になるはずなんですが，その通りにならないんです」というまとめをする生徒もいます。

例えば中学校の実験環境で，理論値とほとんど変わらない結果が出るということはそう多くないかもしれません。そんなときに，原因を考えたり，別な方法を考えてみるフェーズを入れることが，子どもたちの理科的な力を高めるはずです。

実際はなかなか時間的に難しいのですが，工夫して時間を生み出すことが大切かもしれません。

自分の手を動かして経験したことはいろいろなところに転用できる本当の力になります。

例えば，１個の豆電球と１本の乾電池，それに２本のコードを配付して，「これだけで豆電球を光らせてみよう」という課題を出します。面白いほど，普段はいたずらっ子な生徒ほど課題を解決できるものです。ずいぶん勉強をしている子にとって，豆電球はソケットに刺さっているもので，ソケットの下からはコードが２本出ているものなのです。一生懸命豆電球の下の部分にコードを２本つけて，点灯しないことに焦るのです。

豆電球は身近なブラックボックスのよい例です。フィラメントから伸びたコードは，１本がまっすぐ下の部分まで，もう１本は横に曲がってスクリュー部分につながっています。乾電池につないだ２本のコードは，１本を豆電球の下の部分，もう１本を横のスクリュー部分につなぐと回路ができて豆電球が点灯します。

できた生徒と交流させ，最後に種明かしをすると，「回路」「導体・不導体」「豆電球の構造」「電池の電圧」などずいぶん多岐にわたる内容を効率よく伝えることができます。そんな経験をした生徒たちは，ブラックボックス化されたいろいろなものに興味をもって取り組むようになるのです。

第１章　手軽にできる！　観察・実験のポイント

観察・実験で
生徒をグッと引き込むポイント

❶教師のネットワークを生かす

　先述したように，日本の子どもたちは実にいろいろなことを知っています。最近はネットからの情報で，実に多くのことを「知っている」のです。もちろん実際に経験したことがないこともたくさんあります。実はそれは大きなチャンスかもしれません。今まで「知っていること」を実際に「自分の手で確かめるチャンス」なのです。

　教科書的な定番の実験も，角度を変えて考えると実にいろいろなバリエーションを生み出すことができます。しかし，そのちょっとした工夫というのがなかなか大変で，教員の多忙化が叫ばれる今日，どのようにしていくのがよいのか全国の仲間が頭を抱えているはずです。

　例えば自分の居住地の近くのサークル的な活動や，ネット上のコミュニティーを探してみるのは非常に有効です。

　本書でも紹介している，フクロウのペリットの分解はカナダから来ていた外国語指導助手の先生に教えてもらったものです。「なぜ日本ではこんな素晴らしい教材を使わないんだ」ということでした。まあ，メンフクロウがいないから入手はそれなりに大変なのですが，教育効果は抜群です。各学校に外国語指導助手の先生は来ているはずですから，理科をどのように学習してきたのかを教えてもらうのもよいでしょう。

　自由に使うことができる時間は生徒たちの方がずっと多いはずです。生徒がその自由な時間で得てくる様々な情報を，こちらは同じ志をもつ仲間とのネットワークで乗り切れたら素晴らしいのではないでしょうか。

❷先人たちに学ぶ

　もう１つ言えることは，先輩教員からの文化の伝承を絶やさないことです。最近はデジタル計測器なども導入され，いろいろなことが便利になってきています。では，学習内容も合わせて先進的になってきたのかというと，案外そんなこともありません。先輩たちは，いろいろな工夫をしながら，より効果的な実験方法などを生み出してくれたはずです。その文化を確実に伝承してもらうことも大切です。

　科学史の紹介も同じです。情報の蓄積や効果的な実験器具等があまりなかった当時の科学者たちは，様々な実験を通して今の科学の基礎をつくってくれました。フックの法則で有名なロバート・フックが，コルクの弾性を不思議に思って観察した結果から植物が細胞でできていることに気づいたことや，その興味は植物ではなく弾性にあったため，本人の疑問は解決し，細胞説の発表がその後かなり経ってからのシュワンやシュライデンにまで持ち越される話などもなかなか面白い展開を生み出します。１つの実験でも，もっと何か気づくことはないかとより真剣に観察するようになるからです。

❸実験に向かう気持ちを高める

　同じ実験をするにしても，見せるタイミングや方法を変えるだけで効果が全く変わります。「実験で確かめたくてたまらない」という状況をいかにつくり出すかが重要です。例えば，解剖実習を考えてみます。ただ「準備したのでやりなさい，手順はこうです」と言ってやらせて，何の意味があるでしょうか。必然性がなければ，解剖したところで何の意味も生み出すことはできませんし，中にはただ切り刻むという生徒も出てくるのです。教科書によく出てくるイカの解剖ひとつとっても，イカはどのように獲物を捕まえ，どのように口に運び，消化していくのかという話を事前にすれば，「実物を見たくてたまらない」ということになるはずです。全ての時間で観察・実験をできればよいのですが，なかなか難しいはずです。しかしそのような時間こそ，次の実験に向けてのモチベーションを高める時間でもあるのです。

第１章　手軽にできる！　観察・実験のポイント　　17

生徒を引き込むネタ探しのポイント

　生徒たちがいろいろなことを知っているから，その上を行くような面白実験を開発しようと頑張っても，なかなかうまくいかないものです。

　しかし，先ほど紹介した豆電球の実験のように，実は生徒は本質的なところや基本的なところはわかっていないことも多く，観察・実験として取り組むのも比較的簡単なことが多いのです。「電子レンジの中に蛍光灯を入れたらすごいことになるらしいよ」ということを YouTube で見て知っている生徒であっても，豆電球を点灯させることができないかもしれないのです。

❶素朴概念を打ち砕く

　子どもたちは，今まで生活してきた中から獲得してきた様々な知識をもとにして，一定の素朴概念をもっています。その素朴概念は正しいわけではありません。例えば「重たいものほど早く落ちる」というようなものです。真空中では鉄球も羽も同じ速度で落下します。これを実証するための実験装置も売られているので，取り組んだことがある人も多いはずです。

　同じようにこのような素朴概念を打ち砕かれると生徒たちは俄然学習意欲に燃えるものです。

❷身近なものから迫る

　光の学習をしたとします。反射や屈折のことを確認し，焦点距離と像の大きさの関係，全反射などがわかるようになります。そこでアルミパイプを覗かせます。すると，アルミパイプの長さによって見え方が全然違うのです。穴の先に文字などを置くと反射が原因で見え方が変わっているということがわかります。光の反射はそれほど難解なことではありませんから，作図など

を通して納得することができるはずです。では，他のパイプならどうなんだろうとか，太さが変わったらどうなるのだろうと考えていくことが「探求する心」ではないでしょうか。

　自転車の反射板はどうして一方にしか光らないのだろう，というような話でもよいはずです。

　よく考えると身の回りには実に多くの科学的なことが転がっているのです。

❸次の興味につなげる

　例えばフクロウのペリットを利用した学習を展開したとして，この授業はそこだけで完結するのでしょうか。フクロウはそれほど身近にいるわけではないので，特殊といえば特殊ですが，「ものを食べる」「消化できないもの」「食物連鎖や食物網」などは実に汎用的な問題で，その1つの視点として考えることができます。自然を見る1つの視点を与えることで，生徒たちは実に多様な視野をもって生活していくことができるようになるのです。

　本書 p.74で紹介している，毛細管現象に関しても同様です。植物の活動だけに特化するわけではなく，身近なところにいくらでも存在している現象です。しかし，日常の多くの場合は，それほど科学的に捉えることはありません。実際に観察・実験をしてみることで，次の興味を引き，様々な発展をしていく可能性をもっています。

　授業をしていく中で，私がいつも意識していることは**「生徒の夕食時の食卓で話題になるような授業をできたら」**ということです。そのためにはすぐに答えがわかるような薄っぺらいことではなく，保護者も一緒になって考えられるようなことや，よく考えると案外難しいこと，そして何よりも意外と身近にあるのにそれほど気にしていなかったようなことでしょう。

　SNS が盛んに利用されるようになり，ずっとずっと前の教え子から「あのとき話していたこと，やってみたいと思っているんですよ…骨を綺麗に取り出す方法」などというメッセージをもらうと，なかなかうまくいっていたのかな？　と感じさせられるものです。

第1章　手軽にできる！　観察・実験のポイント　19

安全指導のポイント

　生徒たちに実験をさせると，驚かされるような動作をすることが増えてきているように感じています。刃物の持ち方ひとつとってもそうです。それは「経験不足」が全てだと思っています。

　世の中の様々なものが便利になってしまい，何をするにも工夫しなくて済んでしまう場面が増えてきたように思います。ましてや自分で何かをつくり出すということはどんどん遠くに行ってしまっているような気がします。

　自分たちでいろいろなことに取り組むためには，安全性の確保もまた大切です。ここで紹介した観察・実験には，安全面の配慮が必要なものや，別な簡便な方法でもできそうなものもあるでしょう。

　例えば浮沈子は，醤油などのたれ瓶で簡単につくることができます。しかし，あえてガラス管を切る，ガラス管を閉じる，そして膨らませるという類の作業をすると，完成させたときの達成感のレベルが違います。

　そして，そんな作業をするのはひょっとしたら，中学生の年代が最後ではないかと思うのです。

　この年代で，いろいろなことを経験しておくことは将来大きな力になるはずです。

　しかし，レディネスがない子どもにとって，ちょっとしたことが「こんな事故に直結」することになります。

　避けて通る（す）のではなく，「こういう危険があるので，こういう対応をして，こうならないように注意してやろう」というスタンスが必要です。

　実は子どもたちは素晴らしい能力をもっています。大人がその能力を伸ばす機会を奪ってしまわないように，いろいろなことを実際に経験させたいものです。

最後に，これだけは絶対に押さえておきたい安全指導のポイントをいくつか挙げておきます。

●刃物やガラスの扱い

　人の皮膚は簡単に切れてしまいます。絶対に刃物の進行方向に体を置かないことと，力を加えすぎないことを徹底させます。

●火を正しく怖がる

　最近は家庭での加熱器具も電化されている場合が多く，火を過剰に恐ろしがる生徒が多くなってきています。

　確かに火の使い方を誤ると大きな事故につながる可能性もありますが，これほど便利で理科の実験と切り離すことができないものもありません。マッチを使って火をつける経験をして，マッチの持ち方ひとつで火の持続時間が異なることや，持ち方を工夫すると全く熱くないことを確かめて実験させたいものです。

●薬品は十分注意して

　指示通りに使う薬品は大きな事故につながることはまずありません。ところが指示をしっかり聞いていないと，事故に直結する場合もあります。実験に集中させることと，何かあったときにすぐ対応できるように，実験時は必ず立って実験することを習慣づけさせたいです。

　いずれにしても「危険なことはさせない」のではなく，「危険なことで事故を起こさないようにしっかりやる」ことの方が重要なはずです。「知っているけどできません」というのは本当の意味での知識ではないからです。

第2章

手軽にできる！
観察・実験のアイデア 50

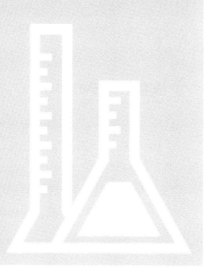

1年・物理分野　身近な物理現象／光と音

難易度 ★★☆

アルミパイプで光の反射を見てみよう！

ホームセンターなどでアルミニウムのパイプが売られています。このパイプを覗くと，不思議な世界が見えてきます。この不思議な模様ができる理由を，実験を通じて確かめていくことにしましょう。光の性質の基本で説明ができます。

用意するもの

アルミパイプ（直径1cm程度），パイプカッター，幾何学模様を印刷した紙

準備の手順 (所要時間15分)

① アルミパイプを購入し，パイプカッターで色々な長さに切断しておく。長さは10～30cmほどの間で5～7種類ほど用意できるとよい。
② アルミパイプを覗き，特徴的な模様が出ているものをピックアップする。
③ 次ページ「幾何学模様の例」の図を参考に，四角形や三角形など，色々な幾何学模様が印刷された紙を用意しておく。

予備実験 (所要時間5分)

アルミパイプの中に見える模様は，光の反射の法則によるものである。狭いアルミパイプの中に入った光が反射した回数分の輪が見えるのである。従って，輪の数は長いほど増えることになる。そこで，様々な長さのアルミパイプを用意して，見え方の違いから謎を解いていく思考的な実験になる。アルミパイプを覗いて幾何学模様を見ることで，反射が起こっていることを理解させたいところである。

授業場面の実際（所要時間20分）

❶長さによる見え方の違いに気づく

　数種類の長さのアルミパイプを配付し，そのまま内部を覗く。アルミパイプの長さによって見える模様が異なっていることに気づかせる。この原因が反射であることは，次の段階で理解できる。

❷アルミパイプを覗いて幾何学模様を見る

　紙に色々な模様を印刷して配付する。10 cm 程度の短いアルミパイプを覗かせて，幾何学模様の見え方を確かめさせる。どうしてそのようになるのかを作図させ考えさせる。

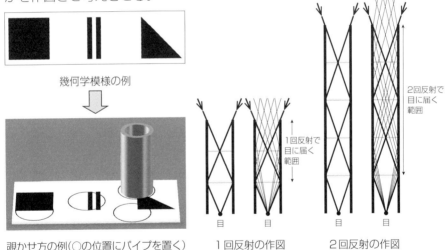

❸アルミパイプの長さによる変化を楽しむ

　内部の反射は，アルミパイプが長くなると複数回繰り返す。例えば，切断していない長いままのアルミパイプを通して外の風景を覗くと，光が強調されて明るいリングが見える。そこから反射の様子を作図で確認していく。

1年・物理分野　身近な物理現象／光と音

難易度 ★☆☆

ブラックライトで身近なものを観察し，紫外線の利用を考えよう！

ブラックライトって知っていますか。見た目はあまり光っているように見えないのですが，蛍光ペンなどに当てるとかなり光って見えます。人の目には見えない紫外線を主とした光源がブラックライトです。ブラックライトを当てて，身近なものを観察してみましょう。

用意するもの

ブラックライト（ペンライト式など色々なものが売られている），使用済みのハガキや封筒，蛍光ペン，カレー粉（ターメリック），エタノール

準備の手順（所要時間10分）

①蛍光ペンで白い紙に線を引きブラックライトを当て，光ることを確認する。
②使用済みのハガキ・封筒（使用済みで消印がないものは特殊インクでバーコードが印刷されている），カレー粉（ターメリック），パスポートなどを用意しておく。
③カレー粉のもとになるターメリックは，エタノールにといておくとブラックライトを当てたときにはっきり光って見えるので，エタノールにわずかな量のカレー粉を入れ，よくかき混ぜておく。

予備実験（所要時間5分）

ブラックライトを使ってよく光るものを探しておく。使用済みのハガキ・封筒の場合，特殊インクで印刷されていないものもあるため事前に確認しておく必要がある。パスポートの査証欄などにも光る部分がある場合がある。

授業場面の実際 （所要時間15分）

❶ブラックライトをつける

光源としてのブラックライトを観察する。なお，このときブラックライトを絶対に直視しないこと。白い壁などに照らした光を観察させるようにする。はっきりと目に見えるわけではないが，色の系統としては何色だろうか。そこからは紫外線が出ているということを知らせる。

❷蛍光ペンを照らしてみる

可視光線でもはっきり光っているように見える蛍光ペンだが，ブラックライトで照らすとどうなるだろうか。観察してみよう。

蛍光ペンの線を黒い紙でマス状に区切るとよりはっきり見える

❸使用済みハガキを照らしてみる

使用済みハガキ・封筒の切手部分にブラックライトを当てる。どのように光って見えるだろうか。光る場所がわかったら，よく観察してみよう。

❹身の回りのものを照らしてみる

身の回りにもブラックライトで光るものがたくさんある。例えばカレー粉をブラックライトで照らしてみると，どのようになるだろうか。粉を直接照らしたり（右写真），エタノールにとかしたものを照らしたりして確かめる。また，パスポートやクレジットカードなども光る場合がある。

ここまでの実験から，ブラックライトの光は，どのように利用されているのかを考える。

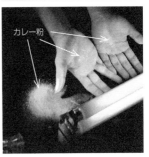

1年・物理分野　身近な物理現象／光と音

難易度 ★☆☆

スマートフォンで火を消して，音の波を実感しよう！

音は空気の振動です。その振動を使って実際に火を消すことができるでしょうか。スマートフォンのスピーカーは開口部が狭くそれなりの音量が出るので，うまく使うと簡単にロウソクの火を消すことができます。

用意するもの

ロウソク，スマートフォン，CDプレーヤーなどのスピーカーから音の出るもの

準備の手順（所要時間5分）

①音源として，何種類かの音を出せるようにしておく。
②ロウソクに火をつけて台の上に固定する。
③スピーカーやスマートフォンのスピーカーから，ロウソクの炎に向けて音を鳴らしてみる。

予備実験（所要時間5分）

　この実験は，道具も動作も非常にシンプルである。明快である分，失敗も避けたい。そのためには「選曲」が大切である。色々とやってみた結果，ピアノの曲で効果的に火を消すことができるようである。実際にダウンロードするなどして，しっかり選曲する必要がある。また，CDプレーヤーやスマートフォンをどのくらいロウソクの火に近づければよいのかも確認し，安全に実験が行えるようにする。

※ここで紹介している実験は，
　安全に十分に配慮の上行ってください。

授業場面の実際 （所要時間10分）

❶ロウソクの火をつける

ロウソクの火は，風がなければ動くことなくまっすぐだが，空気が動くと揺れることを確かめる。

❷CDプレーヤーのスピーカーで

CDプレーヤーのスピーカーから大きめの音を出してロウソクの火に接近させ，そのときのロウソクの火の変化を確認する。

❸スマートフォンからの音で

スマートフォンのスピーカーから大きめの音を出してロウソクの火に接近させ，その様子の変化を確認する。CDプレーヤーのときよりも，火の揺れが大きいことを確認する。どのような音のときに火の揺れが大きくなっているか注意深く観察させる。音の歯切れがよい曲のときに火の揺れが大きいことに気づく。

❹消すための選曲を考える

ピアノがメインになっている曲などをかけると，効率よく消すことができるので，実際に消してみせる。音は空気の振動である。歯切れのよい曲は，振動に断続的な切れ目があるため，火にも断続的に力が加わり消えやすくなるのである。

1年・物理分野　身近な物理現象／力の働き

難易度

シャボン膜の性質を調べて，表面張力を実感しよう！

　子どもの頃，シャボン玉を膨らませて遊んだことがない人はいないはずです。虹色に輝きながら飛んでいき，いつかは割れてしまうシャボン玉。アルミの針金などで枠をつくり，面白い形のシャボン膜をつくってみましょう。シャボン膜の形から，表面張力を実感できる実験です。

用意するもの

　洗剤やシャボン液（コップに入れておく），アルミの針金，ラジオペンチなどの工具

準備の手順（所要時間15分）

①アルミの針金を配付できる長さに切断しておく。まずは右のような立方体の枠をつくれる長さ（コップの大きさに合わせる）で配付できるように準備するとよい。

②見本を作成しておく。生徒に見せながらつくり方の例を紹介できるように，大きめに組み立てておく。なお，実際に生徒が枠をつくる際，つくり方は班ごとに違ってもよい。

予備実験（所要時間5分）

　「泡切れがよい」というのが謳い文句の洗剤は，シャボン液として使うのには適していないことが多い。シャボン玉専用の液を購入するのがベストだが，色々な洗剤から選択してみるのもよい。

授業場面の実際（所要時間20分）

❶シャボン玉用の立方体の枠をつくる

シャボン液を入れる容器の大きさを考えながら，アルミの針金を使って，立方体の枠をつくる。持ち上げることができるように，取っ手部分もつくる。シャボン液を入れる前にコップに出し入れできることを確かめる。

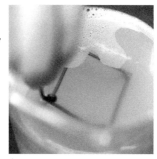

❷予想する

次に，どのような膜ができるのかを予想して，そう考えた理由を生徒間で交流させる。

❸実際にシャボン膜をつくってみる

実際に枠をシャボン液に静かにつけてゆっくり引き上げる。ここは急いでやると，できた泡が邪魔をするので慎重に。

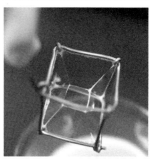

立方体の中心に寄るような形で膜ができた！

❹シャボン膜の性質を考える

シャボン膜の性質を確かめるために，長方形の中央に針金を乗せて右の写真のような枠をつくり，膜を張る。左右の枠どちらか片方の膜を破ると，膜のある方に引かれるようにして膜が消える様子を確かめる。

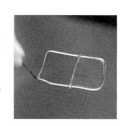

❺表面張力から考える

❹の工程でわかるように，シャボン膜はできるだけ面積を小さくしようとする性質がある。立方体の中にできたシャボン膜も，最も表面積が小さくなるように張られるため，❸でつくったような形になるのである。

1年・化学分野　身の回りの物質／物質のすがた

難易度 ★☆☆

表面が銀色のものの，正体を調べてみよう！

　金属の特徴として，金属光沢がある，熱伝導率がよい，電気抵抗が非常に小さいというようなことが挙げられます。身の回りの，金属光沢があるものの中には，全体が金属でできているものもあれば，薄い金属の膜が貼ってあるだけのものや，表面が金属以外のものでコーティングされているものもあります。テスターを自作して，確かめてみましょう。

用意するもの

　先端部が金属のピンセットや虫ピンなど，豆電球，乾電池，金属光沢のあるもの（ケーキのアラザン，金銀の折り紙など）

ピンセットの金属部分に導線をつなぐ

準備の手順（所要時間20分）

①ピンセットや虫ピンなどを利用して，右写真のような簡易テスターを作成する。金属部分に触れると電流が流れるようになっていればよいが，表面がコーティングされているものを調べるときに，刺すことができるよう，先端部は尖っている方がよいだろう。

②金属光沢があるものをできるだけいろいろな種類準備する。例えばケーキなどに使われるアラザンなども準備しよう。

予備実験（所要時間10分）

　まず，テスターの先端部を金属に密着させて豆電球が点灯することを確かめる。次に，金属光沢があるものに密着させたり，場合によっては刺したりして，通電を確認できることを確かめる。その動作が安定してから実験に進む。

授業場面の実際 （所要時間15分）

❶金属光沢があるものを探す

金属の特徴を確認する。金属光沢があって，電流が流れるという代表的な特徴がある。身の回りには金属光沢のあるものがたくさんある。できるだけ探してみよう。

❷一覧表をつくって予想する

集めた金属光沢のあるものは，全体が金属でできているのかどうかを予想する。集めた金属光沢のあるものの一覧表を作成して，予想や実験の結果を記入できるように表をつくろう。予想した理由も書いておくとよい。

❸作成した簡易テスターで確かめる

簡易テスターで金属光沢のある部分を挟んだり，刺したりしながら，電流が流れるのかを確かめてみよう。特に表面にコーティングがされているものについては，強めに刺して実験することが必要。

❹結果をまとめる

予想と一致したものと，しなかったものを明確にしよう。また，可能であれば，確かめたものがどのようにしてつくられているのかを調べてみるとよい。

銀色の折り紙には電流が流れる

コーティングされている折り紙はテスターを強く刺すと電流が流れる

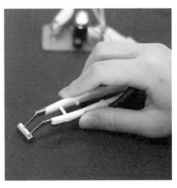
ネオジム磁石にも電流が流れる

1年・化学分野　身の回りの物質／物質のすがた

難易度 ★★☆

ペットボトルを使って，二酸化炭素の重さを確認しよう！

目に見えない気体にも重さがあります。「軽い」ということは想像できますが，どれほどのものなのでしょうか。気体の中では「重い」と言われている二酸化炭素は実際にはどのくらいの重さなのか，薬品を使って二酸化炭素を発生させ，はかってみましょう。ペットボトルを使えば，気体が発生して膨らむ様子を体感することもできます。

用意するもの

空のペットボトル（500 mLの炭酸飲料のもの），電子天秤，極細のシリコンチューブ，クリップ，炭酸水素ナトリウム（5.6 g），クエン酸（4.3 g），水槽，メスシリンダー（気体収集用）

準備の手順 (所要時間10分)

①ペットボトルのキャップにシリコンチューブの外径よりも少しだけ小さい穴を開け，キャップとチューブの間にすき間ができないようにチューブを通す。
②炭酸水素ナトリウムとクエン酸を計量し，薬包紙の上に保存しておく。すぐに実験する場合，両方を混合しておいても問題はない。
③気体収集用のメスシリンダーに500 mLの水を入れる。水槽に水を入れておく。

予備実験 (所要時間5分)

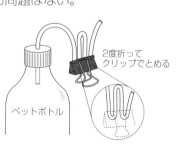

2度折ってクリップでとめる

ペットボトル

この実験は，キャップとチューブの接続方法が大切。右図のように，キャップについて

いるチューブの先端部を2回折り曲げ，クリップで固定する。その後，ごく少量の水を入れたペットボトルに混合した薬品を入れ，直後にキャップをきっちり締める。二酸化炭素が発生し，ペットボトルが膨らむのを確認する。そのときに，キャップとチューブの周辺から気体が漏れないことを確認しておく。どうしても漏れが止まらない場合，接着剤などで補強しておく。

授業場面の実際（所要時間15分）

❶重さを測定する

炭酸水素ナトリウム・クエン酸と，ペットボトル，キャップ，チューブ，クリップ，少量の水の全ての質量をはかり，記録する。

❷気体を発生させる

ごく少量の水を入れたペットボトルに，薬包紙の試薬を一気に入れ，すぐにしっかり蓋をする。二酸化炭素が発生し，ボトルに圧力がかかってくるのを体感する。

❸一定量の気体をはかりとる

気体収集用のメスシリンダーを水槽に逆さに立て，水上置換で二酸化炭素を500 mL はかりとる。その後，チューブを再びクリップでとめる。チューブなどの水をしっかり拭き取って❶と同様に再度質量をはかり，❶との差から二酸化炭素500 mL 分の質量を確定させる。

❹密度を計算する

得られたデータから，二酸化炭素の密度を計算で求める。理論値は1.97 g/L だが，水上置換の際に水に溶解するなどしてデータに多少のブレが生じる。

1年・化学分野　身の回りの物質／水溶液

難易度

醤油を使って，
有機物・無機物を調べよう！

> 醤油は日本の料理には欠かせない調味料です。いろいろな醤油がありますが，塩辛いということは共通しています。醤油には有機物・無機物どちらも含まれており，さらに水溶液の性質も一度に取り扱うことができ，この単元には最適な教材です。ここでは，醤油に含まれているものや，醤油の種類による塩分濃度の違いを調べてみましょう。

用意するもの

　カセロール，メスシリンダー，ガスバーナー，醤油（班ごとに，家で使っている醤油を持参させるとよい），ろうと，ろ紙，ろうと台，ガラス棒，ビーカー，シャーレ，試験管立て（耐熱性）

準備の手順（所要時間5分）

①醤油を数種類準備する。
②実験が効率よく進むように，実験道具の配置を考えておく。泡が吹きこぼれないように，加熱は数回に分ける必要があるので，耐熱性のある試験管立てなどを用意して，カセロールを冷やすことができるようにする。

予備実験（所要時間10分）

　醤油を少量カセロールに入れて加熱する。醤油には有機物がたくさん含まれているため，当然焦げができる。そこから食塩を取り出す実験を行う。醤油の種類によって含まれる食塩の量がどう違うのかを確認するためには，醤油の種類ごとに量を揃える必要があるので，妥当な量を予備実験で確かめる。カセロールの大きさにもよるが，5mLで十分。あまり多いと，煙の量が多くなるので注意する。

36

※ここで紹介している実験は，安全に十分に配慮の上行ってください。

授業場面の実際（所要時間20分）

❶醤油を加熱し続けて変化を調べる

カセロールに醤油を入れて加熱し続ける。吹きこぼれそうになったら火からおろし，おさまってから再度加熱を繰り返す。どのように変化していくかを記録し，そこからわかることを考察する。

❷残ったものを水にとかす

カセロールに残ったものを水にとかし，濾過して濾液を回収する。

❸蒸発乾固させる

濾液を集めてカセロールに入れる。❶のように加熱して，食塩を再結晶させる。結晶を観察しやすくするため，完全に乾燥する前に加熱をやめて放置し，少し大きな結晶を取り出してみよう。

❹銘柄による違いを調べる

スーパーマーケットには色々な種類の醤油が売られている。条件を統一して実験し，塩分濃度の違いなどを確かめることはできるだろうか。挑戦してみよう。

醤油から取り出した結晶
（顕微鏡で観察）

第2章　手軽にできる！　観察・実験のアイデア50

1年・化学分野　身の回りの物質／水溶液

難易度 ★☆☆

尿素を使って，結晶が析出する様子を観察しよう！

　ハンドクリームの保湿成分などに利用されている尿素は，植物の肥料としてホームセンターなどに売られています。この尿素の溶解度は非常に高く，価格も安く，入手も簡単ですから，再結晶の実験には最適です。最初に無機化合物から合成された有機物であるなど，物質としても知っておきたいもののひとつです。

用意するもの

　尿素（粉末），ビーカー，コーヒーフィルターやモール，大きめのシャーレなどの容器

準備の手順（所要時間5分）

①100gの尿素をはかりとっておく。
②100mLの水に100gの尿素をとかすことのできる大きさのビーカーを用意する。
③実験の最後に，コーヒーフィルターやモールなどに溶液を染み込ませて結晶ツリーをつくる。その際結晶が大きく成長するので，下には大きな容器を置いてこぼれないようにする。

予備実験（所要時間5分）

　尿素の溶解度は108g/100mL（20℃）と高いが，常温でとかしきるには相当時間がかかるので，湯煎をする。とかしきることができる温度や，かかる時間をつかんでおく。

※ここで紹介している実験は，
　安全に十分に配慮の上行ってください。

授業場面の実際（所要時間20分　※結晶ツリーは完成まで数日間かかる）

❶尿素や水を計量する
　生徒に溶解度の数値を示しても実感しにくいため，実際に規定量の尿素と水をはかりとり，尿素の溶解度の高さを実感させる。

❷工夫して水にとかす
　100 g の尿素を100 mL の水に入れてとかす。尿素が完全にとけきるまでには時間がかかる。湯煎などをして完全にとかしきる。

❸結晶を観察する
　そのまま観察する。冷えて溶解度が変化し，結晶が析出してくる。

❹尿素結晶ツリーをつくる（数日間継続して観察）
　下の写真のようにらせん状にしたモールや，コーヒーフィルターなどを用意し，尿素の溶液を入れた容器に立てる。時間経過ごとに観察すると，溶液が上がってきて，やがて結晶がまわりについてツリーのようになる。コーヒーフィルターを利用する場合は，円錐状に丸めて，溶液の入った容器に立てて置くとよい。水性のインクをコーヒーフィルターの下の部分に染み込ませておくと，毛細管現象によってインクも上がってくるので面白い。

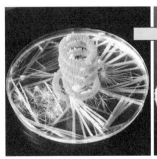

　　　らせん状にしたモールの結晶ツリー　　　　　コーヒーフィルターの結晶ツリー

1年・化学分野　身の回りの物質／状態変化　　　　　　　　　難易度 ★☆☆

ポップコーンの観察で，
水の体積変化を実感しよう！

映画を見るときによく食べるポップコーンをつくったことはありますか。ポップコーン専用の品種を乾燥させて加熱すると，どんどん爆ぜてポップコーンが出来上がります。爆ぜるときの様子をよく観察し，ポップコーンになる原因を考えてみましょう。

用意するもの

試験管，ゴム風船，ポップコーン用のコーン，カッターナイフ，加熱器具（アルコールランプやガスバーナー），電子天秤

準備の手順（所要時間10分）

コーンに傷があると，内部の水蒸気がこもらず爆発しなくなるので，傷のないコーンを選ぶ。各班にコーン数粒と試験管，ゴム風船を配付できるように分けておく。コーンの粒数は，予備実験で計画する。

予備実験（所要時間10分）

コーンを試験管に入れて質量を測定した後，加熱する。そのとき，試験管の口にはゴム風船をつけて，発生した気体などが逃げないようにする。予備実験後にコーンの状態を確認して，ゴム風船をつけたまま試験管の質量を再測定する。その後，ゴム風船を外して再度測定する。

使用するコーンの粒数が少ないと，電子天秤の精度によっては質量の変化を読み取りにくいため，粒数を変えて何度か試し，班に配付する粒数を確定しておく。また，加熱する前のコーンに傷があると爆ぜないことを実験の最後に確認させるため，カッターナイフでの傷のつけ方も確認しておく。

※ここで紹介している実験は，
安全に十分に配慮の上行ってください。

授業場面の実際（所要時間15分）

❶質量を記録する

試験管にコーンを入れてゴム風船を試験管の口に装着する。コーン・試験管・ゴム風船全ての質量を測定し，記録しておく。

❷ポップコーンをつくる

加熱器具で加熱し，コーンが爆ぜる様子を観察する。そのとき，水蒸気が発生し，それによって試験管内が曇ったり，ゴム風船が多少膨らんだりすることを確認させる。

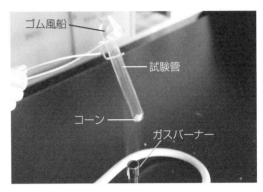

❸理由を考える

実験後，質量の変化を確認し，コーンが爆ぜた原因が水の状態変化（水蒸気になるときに1700倍になる）であることをイメージさせる。全体の質量が変化しないことについての考察も進める。

❹コーンに傷をつける

爆ぜる原因が水の状態変化だとしたら，どのようにすると爆ぜないのかを想像させる。実際にコーンの種皮にカッターナイフで傷をつけて水蒸気が逃げられるようにすると，コーンは爆ぜない。このことから，コーンが爆ぜる原因は水の状態変化であるということを推察できる。

第2章 手軽にできる！ 観察・実験のアイデア50　41

1年・生物分野　いろいろな生物とその共通点／生物の体の共通点と相違点　難易度

八百屋の野菜や果物で，果実のつくりを観察しよう！

八百屋には色々な種類の植物が並んでいます。そのうち「果実」に当たるものをよく観察して，共通点がないかを調べていきましょう。

用意するもの

画用紙，刃物，野菜（エンドウは必須，そのほかにオクラ，柑橘類，バナナなど）

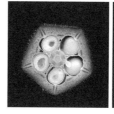

準備の手順（所要時間5分）

①基本形になるエンドウを準備する。
②オクラなどは断面を観察するので，横断面がわかるように切っておく。柑橘類は切っておく必要はない。

予備実験（所要時間20分）

エンドウの花の解剖図を準備しておく。また，エンドウの果実を開き，種子がどのように果実に繋がっているかわかるようにしておく。種子が繋がっている部分を胎座と呼ぶ。種子が交互に繋がっていることを確認する。また，マメ科の植物は果実のつくりを確認するために，右の写真のように画用紙等でペーパークラフトのモデルを作成しておく。

授業場面の実際（所要時間20分）

❶エンドウの果実から花の名残を探す
エンドウの果実には花の名残がある。エンドウの果実を見て，がく・おしべ・柱頭の名残はどこにあるのかを確かめよう。

❷果実を開いて種子の様子を確かめる
エンドウを開くと，中に種子がある。種子には光合成でつくられた栄養分が運ばれてくる。種子がどのように果実に繋がっているか確かめよう。

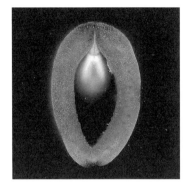

❸ペーパークラフトで確かめる
エンドウのさやの部分を「心皮」という。マメ科の植物は心皮が1つである。心皮の縁の部分から，種子が交互に繋がっていることがわかる。他の植物の果実はどうなっているだろうか。

❹他の果実の断面を観察
オクラの断面はどのようになっているだろう。外形から考えて，どのようになっているか予想し，断面を観察してみよう。

オレンジの房のペーパークラフト

バナナやオレンジはどうだろう。柑橘類の房の数を，中を確認しなくてもヘタの裏から予測できる理由も考えてみよう。例えば，オレンジの1房が，エンドウのさや1つに相応する。この房は全てヘタの部分から栄養分を受け取っているので，ヘタの裏側を見ると房の数がわかるのである。

第2章　手軽にできる！　観察・実験のアイデア50

1年・生物分野　いろいろな生物とその共通点／生物の体の共通点と相違点

難易度 ★★☆

手のモデルをつくって，複雑な動きと骨の関係を確かめよう！

　私たちの手は，動物の中でも大変発達していることで有名です。サルの仲間の手はヒトに似ていますが，親指の向きなどに大きな違いがあるのです。私たちの手が器用に動かせる仕組みを，モデルを作成して確かめましょう。

用意するもの

　ダンボール，ストロー（直径5mm程度のもの），丈夫な糸，大きめのビーズ，テープ，はさみ

準備の手順（所要時間15分）

①ダンボールを手の大きさよりひと回り大きく切ったものを1班につき2枚用意する。
②各班ごとに必要なストローの本数，適当な長さに切った糸，ビーズなどをまとめておく。

予備実験（所要時間10分）

　ストローの中に糸を通し，一端をビーズやクリップなどで固定し，糸が抜けないことを確認する。

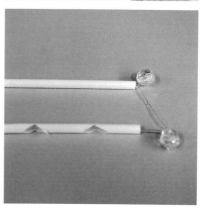

授業場面の実際（所要時間15分）

❶ダンボールに手形をとる

ダンボールに手のひらを乗せてペンで輪郭を写す。はさみで線に沿って切り取る。指の関節にあたる部分に印をつける。これを2枚つくる。

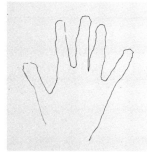

❷ストローで骨をつくる

指の部分に骨をつける。動かすための筋肉に似せて、ストローの中に糸を通す。糸を引いても抜けないように、ビーズやクリップを結びつけるなどの加工をする。その後、ストローをテープで指の部分に貼り付ける。

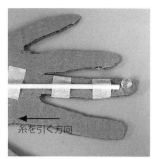

糸を引く方向

❸糸を引いてみる

ストローから出ている糸を引いてみよう。どんな動きになるだろう。また、本来の手の動きに近づけるにはどうしたらよいか検討しよう。

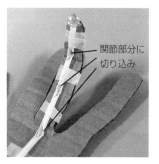

関節部分に切り込み

❹関節部分に切り込みを入れる

関節部分のストローに切り込みを入れるなどの加工をして、もう一方のダンボールに貼り付ける。

スムーズに曲がる

❸と比較して、動きがどのように変化しているのかを確かめる。

❺実際の手の骨格について伝える

私たちの手にはたくさんの骨がある。手部に手根骨が8個、中手骨が5個、基節骨が5個、中節骨が4個、末節骨が5個、合わせると27個もの骨があって、このスムーズな動きを生み出せているのである。

1年・生物分野　いろいろな生物とその共通点／生物の体の共通点と相違点

難易度 ★★☆

手羽先の骨格標本で，筋肉と骨のつながりを観察しよう！

ニワトリの手羽先は安価で入手できる素晴らしい教材です。この手羽先で骨格標本を作成して，筋肉と腱・骨格で内骨格の動物の体が動いている様子を確認しましょう。

用意するもの

手羽先，粉末の衣料用漂白剤，カッターナイフなどの刃物，ネット（排水溝用のものなど）。

準備の手順（所要時間10分）

①食品なのであまり拒絶感をもつ生徒は少ないが，どうしても触るのを嫌がるようであればゴム手袋などを準備する。
②きれいな骨格標本にするために，衣料用漂白剤にしばらくつけておくので，一人一人のものがわかるように，ネットなどに入れる準備をしておく。
③手羽先の皮を剥がしやすいように指示する図（右ページ参照）を準備する。

予備実験（所要時間5分）

右ページの写真を参考にして皮を剥がし，筋肉が見える状態にする。筋膜でいくつかに分けられた筋肉が見えるので，腱を切らないように注意して筋肉を引っ張る。骨格が動くことを確認し，どの筋肉を中心に指導するのかを確定させておく。

※ここで紹介している実験は,
安全に十分に配慮の上行ってください。

授業場面の実際 （所要時間2時間　※第1時の後, 1週間ほど放置する）

❶皮を剥がす（第1時）

右図の番号の順番に, 矢印の方向へ皮を剥がす。内側の筋肉を傷つけないように注意しながら, 皮の部分だけを剥がす。

❷筋肉を引く

皮が剥がれたら, 見えてきた筋肉を筋膜を破らないように注意してばらす。筋膜ごと引くと, 腱を通して力が骨に伝わり, 骨が動くことがわかる。色々な筋肉を引いてみて動きを確認する。

❸筋肉を取り除く

❷の作業を進めながら, 筋肉を取り除いていく。最終的には骨だけが残るようにし, 残った骨をネットに入れ散逸しないようにする。その骨に衣料用漂白剤をかけて, 水を入れ1週間ほど放置すると, タンパク質が溶ける。

❹骨格標本をつくる（第2時）

1週間後, 取り出した骨をよく水洗する。その後, 右の写真を参考にして組み立て, よく乾燥させる。その後, 前時の腱・筋肉の動きを思い起こしながら, 骨格の様子を確認する。

第2章　手軽にできる！　観察・実験のアイデア50

1年・地学分野　大地の成り立ちと変化／地層の重なりと過去の様子

難易度　★☆☆

珪藻土から化石を探そう！

　焼肉をするときなどに七輪を使うことがあります。この七輪は，珪藻土というものでつくられていて，熱を伝えにくく，また水分を吸収しやすいという性質があります。珪藻土は名前の通りケイソウの死骸でできていると言っても過言ではありません。実際に珪藻土に含まれるケイソウの化石を探してみましょう。

用意するもの

　珪藻土，乳鉢，乳棒，試験管，ピペット，スライドガラス，カバーガラス，顕微鏡，ドライヤー

準備の手順（所要時間10分）

①珪藻土（実験用に販売もされているが，七輪などの一部を擦りとってもよい）を準備し，乳鉢ですり潰す。

②すり潰された珪藻土を試験管に入れ，水を入れてよく振り，静置する。この試験管を班の数だけ用意する。

予備実験（所要時間10分）

　沈殿と上澄みの境界の白い部分をピペットで吸い取り，スライドガラスに滴下し乾燥させる。これを事前に顕微鏡で観察して見え方を確かめておく。

プレパラートを作成して観察するときに，普通は水やバルサムなどの封入剤をつけたままにする。しかし，今回観察するケイソウの化石は，ガラスの成分と同じ二酸化ケイ素の殻なので，屈折率の関係で，水や封入材を使うと大変見えにくくなる。そのため，空気をうまく使って観察することになる。どうしても封入したい場合はプルーラックスという封入剤を利用する。

授業場面の実際（所要時間10分）

❶プレパラートをつくる

　あらかじめ用意されている試験管の沈殿と上澄みの境界部分をピペットで吸い取ってスライドガラスの上に適量滴下する。複数枚作成しておいた方がよい。

❷乾燥させる

　上述したように，水分があるとかなり観察しづらいため，滴下したあとドライヤーなどを利用して水分を蒸発させる。カバーガラスはかけなくてもよいが，対物レンズ保護のためにはつけた方がよい。

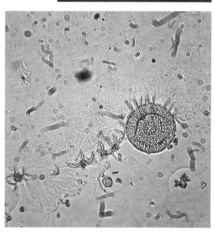

❸顕微鏡で観察

　ケイソウの大きさは非常に小さい。まずは，低倍率で観察し，対象物を見つけたあとはできるだけ倍率を上げて観察する。このとき，しぼりをうまく使って最も観察しやすい状態に調整する。

1年・地学分野　大地の成り立ちと変化／地層の重なりと過去の様子

難易度 ★☆☆

羊羹を使ったボーリング調査で，地層の重なりを調べてみよう！

実際の地層を使ってボーリング調査をするのは大変です。ここでは，擬似的に羊羹で地層をつくり，ボーリング調査をして，地下の地層の重なりを確認してみることにしましょう。100円均一で数種類の羊羹が手に入るので便利です。

用意するもの

羊羹（色の違うものを数種類），透明なストロー，発泡トレイ，アルミホイル，はさみなど

準備の手順（所要時間1モデル10分）

①羊羹を三角柱か直方体に切断する。
②発泡トレイの上に，地層に見立てて羊羹を重ねていく。
③全体が出来上がったら，周囲をアルミホイルで覆う。この地層モデルを班の数だけ作成する。

予備実験（所要時間10分）

出来上がった羊羹の地層モデルにストローをさす。下まで完全に届いたら，ストローの上部を指で押さえて静かに引き抜く。このとき，下部の発泡トレイが最下部に空気を供給するのでストローが抜きやすくなる。上手くいかない場合は，下までさした状態でストローを一回転させるなどの工夫が必要。

また，ストローを指で押さえず引き抜こうとする生徒がいるので，注意が必要。何箇所か引き抜いてみて全体がうまく密着していることを確認する。

授業場面の実際（所要時間15分）

❶地層モデルを配付する

作成した地層モデル（トレイごと）とストローを配付し，実験の趣旨を説明する。特に，ストローでの引き抜きの動作は十分説明をする。また，引き抜く位置は特に指定せず，全体の地層の構造を確認できるようにするという指示を与えて生徒に任せる。

❷引き抜いたストローを並べる

実験の趣旨を考えさせた上で，ストローから羊羹が抜け落ちないように，静かに引き抜く。観察しやすいよう，ストローをはさみで切断し，引き抜いた位置がわかるように並べておく。

❸地下の様子を図に書かせる

引き抜いたストローを柱状図として考え，地層の広がりがどのようになっているのかを，スケッチして予想させる。

❹答え合わせをする

全員の意見交流をした後，周囲のアルミホイルを静かに剥がし，自分たちの予想と比較する。もし予想と異なっていればその理由を考えさせる。

第2章　手軽にできる！　観察・実験のアイデア50

1年・地学分野　大地の成り立ちと変化／火山と地震

難易度 ★★☆

山のモデルをつくって，観察しよう！

私たちの周辺には色々な形の山があります。火山活動や地殻の変動でできる山ですが，山の断面図に，均等に火山灰が積もったとしたらどのような形の山になるのでしょう。実際にどのような形が出来上がり，斜面の様子がどうなるのか，実験で確かめてみましょう。また，等高線の様子についても確認してみましょう。

用意するもの

厚紙，セメント，金網，フルイ，霧吹き，着色用スプレーなど

準備の手順（所要時間10分）

①厚紙で山の原型（底面）にしたい形を切り出す。もちろんどのような形でも構わない。
②セメントを袋から出して，フルイなどで粒を揃えておく。ホームセンターや100円ショップなどで，小さな袋で売られている。

予備実験（所要時間5分　※固まるまでの時間は丸1日程度）

底面になる厚紙を金網の上に置いて，セメントをふるう。どのくらいの高さから落とすと，最も均等に崩れないで積み上げられるのかを確認する。また，別な容器でセメントを水でといて，どのくらいの時間で完全に固まるのかを確認する。

52

授業場面の実際 （所要時間2時間　※第1時の後，1日乾燥させる工程あり）

❶山の底面を考える（第1時）

地元の地形図などを参考にして，山を上から見たときの形を厚紙でつくる。実際にあり得ないような形をつくってみるのもよいだろう。

❷セメントを積み重ねる

厚紙を金網の上に置いて，上からセメントをふるっていく。できるだけ崩れないように，静かに積み重ねていこう。

❸水をかけて固める

セメントに水をかけると固まる。霧吹きでセメントを崩さないように十分注意して水をかけていく。全体に水が染み渡るようにしっかり水をかけ，翌日まで乾燥させる。

❹出来上がった山を観察（翌日・第2時）

しっかり固まった山モデルは非常に硬い。例えば白い着色用スプレー缶で全体を着色してから，等高線を書き込むなどして，山の形をじっくり観察しよう。自分の近くにある山の形と比較して，どのようなところが違うのか，雨が降ったら水はどのように流れていくのかなどをイメージしよう。

第2章　手軽にできる！　観察・実験のアイデア50

1年・地学分野　大地の成り立ちと変化／自然の恵みと火山災害・地震災害

難易度　★☆☆

津波のシミュレーションモデルで，波の動きを観察しよう！

東日本大震災で，津波によって甚大な被害が発生することを目の当たりにしました。津波は水深によって波の伝わり方が大きく変化します。実際にモデルをつくって水深と波の伝わり方を確認してみましょう。

用意するもの

透明なプラスチックの板（2枚），発泡スチロール板，強力な大型クリップ（プラスチック板の大きさに合わせて10個ほど），透明なゴムチューブ（直径10mm程度）

準備の手順（所要時間15分）

① 透明なプラスチックの板を長方形に切断する。その外周の3辺（長辺×1＋短辺×2）に相当するゴムチューブを用意する。
② プラスチック板の外周に合わせてゴムチューブを曲げてプラスチック板で挟み，右図のようにクリップで留める。クリップを脚にして立てる。2枚のプラスチック板の間に水を入れて漏れないことを確認する。

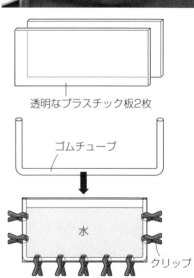

予備実験（所要時間15分）

海の断面図のモデルを作成する。発泡スチロール板を右図のように陸地の形（A）と細長い形（B）の2種類の形に切る。2枚のプラスチック板の間の一端にAを固定する（ゴムチューブの弾性があるのでプラスチック板に密着させられる。隙間が生じる場合は両面テープ等を利用して固定してもよい）。Aの反対側にBを差し込む。Bを揺らすことで波が発生することを確認する。陸地などの設置場所を確定させる。特に陸地部分のつくり方を工夫して、水深による波の様子の違いがわかるようにしたい。

授業場面の実際（所要時間10分）

❶波を起こす

陸地と反対側に設置したBの発泡スチロール板を動かして波を起こす。最初から大きな波を起こすのではなく、まず小さな波を起こし、宣言してから津波を発生させると、普通の波との伝わり方も違うことがわかる。

❷水深と波の様子を確認

津波のような波長の長い波は、水深が浅くなると速度が上がる特徴がある。それをモデルの観察から読みとることができるように適切な助言をする。

第2章　手軽にできる！　観察・実験のアイデア50　55

2年・物理分野　電流とその利用／電流

難易度 ★★☆

LEDで，直流と交流の違いを確かめよう！

> LEDの性能がどんどん上がってきて，各種照明器具ばかりでなく，今や車のヘッドライトなどにまで利用されるようになりました。価格もどんどん下がり，クリスマスの装飾などにたくさんのLEDが連結されたものが大変安く売られるようになりました。そこで，安価に入手できるLEDを利用して，直流や交流の性質を確かめる実験をしてみましょう。

用意するもの

電飾用の連結されたＬＥＤ，電源装置，乾電池，はさみやペンチなどの加工用の道具

図1

準備の手順（所要時間5分）

① LEDは点滅しないタイプで，乾電池式のものを選んで購入する。色はなんでもよい。
② 図1のように，点灯する部分が1か所に固まるように束ねる。
③ 図2のように，LEDの乾電池ボックスにコードをつなぎ，電源装置からでも電流を流せるようにする。

図2

予備実験（所要時間5分）

LEDには電流の極性があるので，どちら向きの電流が流れるのかを確認しておく。また，極端に高電圧を加えると簡単に壊れるので，電源装置の電圧には十分注意する。また，回転させて点滅を見る場合，何度も使っているとコードが傷んでくるので，必ず実験前に点灯することを確認する。

授業場面の実際（所要時間10分）

❶ LEDの性質を確認

可能であれば1つのLEDを準備し，乾電池で電流を流し，電流が流れて点灯する方向と点灯しない方向があることを確認する。

❷ 電源装置に接続する

次に電源装置に接続し，点灯することを確認する。極も変えて見る。

❸ LEDを回転させる

乾電池に接続し点灯したままのLEDと電源装置に接続して点灯したLEDをそれぞれ振り回すようにして回転させ，観察する。電源装置に接続したLEDは点滅して見える。電源装置は交流電源を整流して利用しているので，その地域の交流の周波数と同じ回数だけ点滅して見える。

乾電池（直流）に接続して回転させた様子

❹ 落下の様子も確認する

点滅しているLEDを落下させ，カメラで撮影すると，自由落下で加速している様子も観察できる。3年物理「運動の規則性」でも応用できる。

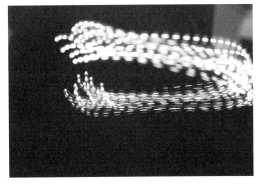

電源装置（交流）に接続して回転させた様子

2年・物理分野　電流とその利用／電流

難易度 ★★★

シャープペンシルの芯で，エジソン電球を再現しよう！

発明王のトーマス・エジソンは電球を発明したことでも有名です。電球の光る部分をフィラメントと言いますが，その部分には京都のタケを使ったそうです。タケを蒸し焼きにしてフィラメントをつくったのです。今はシャープペンシルの芯という丈夫で細い炭素棒があります。これを使った実験で，エジソン電球を再現してみましょう。

用意するもの

シャープペンシルの芯（濃さや太さが異なる，同じブランドのもの），ワニ口クリップ，アルミホイル，蓋つきのガラス瓶，電源装置，二酸化炭素スプレー

準備の手順（所要時間10分）

①細いシャープペンシルの芯は，ワニ口クリップでつまむと折れることがあるので，両端をアルミホイルで包むなどして，折れにくくなるよう工夫する。

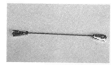

②ガラス瓶の蓋に穴を2つあけてワニ口クリップを通し，シャープペンシルの芯を設置できるようにする。多くの場合，瓶の蓋は金属製なので，アルミホイルや導線の通電部が触れて，蓋に電流が流れないように注意する。また，芯が瓶に直接触れるような配置も避ける。

予備実験（所要時間10分）

両端に巻くアルミホイルの工夫が重要。主に利用されている0.5 mmのシャープペンシルの芯を利用して，実際に電流を流してみる。

授業場面の実際（所要時間15分）

❶シャープペンシルの芯に電流を流す

まずは，瓶の中に入れずに光り方を確認する。シャープペンシルの芯の両端を，小さく切ったアルミホイルで包み，ワニ口クリップではさむ。右図のように瓶の口などに固定し，シャープペンシルの芯にできるだけ力が加わらないように工夫する。電源装置から電流を流し，シャープペンシルの芯の様子を

観察する。何V程度から，どのあたりが光りだすのかなどを確認する。シャープペンシルの芯やワニ口クリップの金属部分は高温になるので，触らないように注意する。

❷太さ・濃さで変化はあるかを調べる

シャープペンシルの芯には，様々な濃さ・太さのものがある。メーカーによって炭素以外の組成は微妙に異なるため，同じブランドのもので濃さや太さ，長さ（折って調整）で光り方にどのような変化が起こるのかを確かめる。

❸電球モデルで光り方を確認する

準備の手順②で作成した瓶を２つ用意し，シャープペンシルの芯をセットする。一方はそのまま蓋を閉め，もう一方は瓶の中に二酸化炭素を充満させて蓋をする。電流を流し，二酸化炭素を充満させた方が長く光り続けることを確認する。

❹電球の仕組みを考察する

現在の電球のフィラメントはタングステンでできている。また，電球の内部からは酸素が取り除かれている。この理由を，実験結果から考察する。

2年・物理分野　電流とその利用／電流

難易度 ★☆☆

ミニ雷発生装置をつくって，電流が流れる様子を観察しよう！

季節によって，静電気に悩まされることがあります。自然界での雷は，静電気の典型的な現象です。実験室内で，簡単な実験装置を使って雷を作成して，どのように流れるのかを実際に観察してみましょう。

用意するもの

使用済みの電子ライター，黒い画用紙，アルミホイル，両面テープ，濃い鉛筆（2B以上）

準備の手順（所要時間10分）

①使用済みの電子ライターから圧電素子（カチッと鳴る部分）を取り出す。
②アルミホイルの片面に両面テープを貼る。
③黒い画用紙を名刺大に切っておく。
④圧電素子のコードのビニルを剥ぎ，導線を露出させる。

予備実験（所要時間5分）

圧電素子をアルミホイルに接近させてスイッチを押したとき，カチッと音がした瞬間にコードから火花が出ることを確認する。実際にアルミホイルを置いて放電させてみる。

圧電素子

両面テープを貼った
アルミホイル

授業場面の実際（所要時間10分）

❶カードを作成する

アルミホイルを雲と建物などの形に切り取る。両面テープを剥がして，右図のように黒い色画用紙に貼り付ける。このとき，雲と建物の間の距離は1cm程度にする（距離が遠すぎると，圧電素子の電圧では火花が飛ばない可能性がある）。

黒い色画用紙
アルミホイルの雲
濃い鉛筆でかいた稲妻
アルミホイルの建物

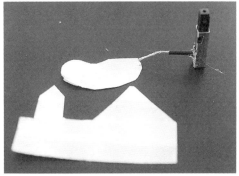

❷稲妻の様子を鉛筆で書く

アルミホイルでできた雲と建物の間に，濃い鉛筆で稲妻型の模様をかき入れる。

❸圧電素子から電流を流す

圧電素子のコードをアルミホイルの雲に近づけて圧電素子のボタンを押す。それによって高電圧がかかるため，鉛筆（炭素）でかいた稲妻を通り，建物に向かって火花が走る様子を観察できる。

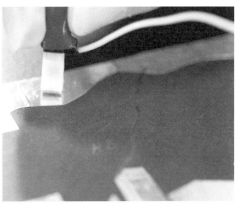

❹条件を変えて落下の様子を確認する

雲と建物の間の距離を広げていくとどうなるだろう。鉛筆でかいた稲妻の下半分を消しゴムで消してみるとどうなるだろう。観察してみよう。

2年・物理分野　電流とその利用／電流

難易度 ★☆☆

アルミ缶で，静電気の性質を調べよう！

冬になると，ドアノブなどでバチンと静電気を受けて嫌な思いをすることがあります。この静電気の性質を調べるために実験装置をつくってみましょう。

用意するもの

アルミ缶2本，スチロールボード，糸，クリップ，ストロー，塩ビパイプ，布，紙やすり

準備の手順（所要時間10分）

①アルミ缶2本をスチロールボードの上に置く（絶縁のため）。
②糸にクリップをつけてストローに吊り下げる。アルミ缶2本の間にこのストローを渡し，クリップが2本のアルミ缶の中心にくるよう調整する。

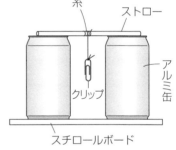

予備実験（所要時間10分）

塩ビパイプを布で摩擦して帯電させ，片方のアルミ缶に近づけて放電させる。それによって中央のクリップが動くことを確認する。
・うまくいかない場合：アルミ缶の表面の塗料を紙やすりで剥がすなどの工夫をする。剥がす範囲は，クリップがぶつかる部分だけでよい。
・うまくいっている場合：可動範囲を確認して，できるだけ大きく振れるようにアルミ缶同士の距離を調整し，スチロールボードに印をつけておく。

62

授業場面の実際（所要時間10分）

❶アルミ缶・ストローをセットする
　事前に確認したスチロールボード上の位置にアルミ缶を置き、その上に糸とクリップをつけたストローを置いて静止するのを待つ。

❷塩ビパイプからアルミ缶へ放電させる
　塩ビパイプを布で摩擦し帯電させる。片方のアルミ缶に接触させて、たまった静電気を移動させ、クリップの動きを確かめる。

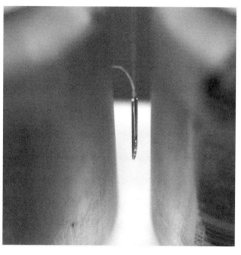

完全に静止してから実験を始める

❸止まったクリップを再始動
　やがて電子が移動して左右のアルミ缶が電気的に安定すると、塩ビパイプを近づけてもクリップは動かなくなる。次に、❷と反対側の缶に塩ビパイプを近づけると、再びクリップが動き出すので、その様子を確認する。

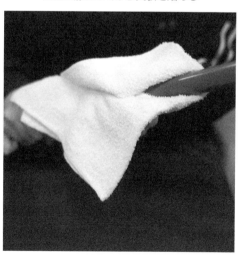

第2章　手軽にできる！　観察・実験のアイデア50

2年・物理分野　電流とその利用／電流と磁界

難易度
★★☆

アルミニウムのブランコで，電磁石をつくってみよう！

アルミニウムは身近なところで色々使われています。軽くて柔らかく，磁石につくことはない金属ですが，その性質を利用して電磁石にしてみましょう。電磁石の性質を確かめるには大変手軽で便利な素材です。

用意するもの

アルミホイル，クリップ（タテ5cm以上の大きめのもの），永久磁石（できればネオジム磁石），電源装置，導線，セロハンテープ，ペンチ

準備の手順 (所要時間15分)

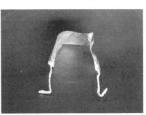

①アルミホイルを25cm×2cm程度の短冊状に切る。両端をきつく巻き，針金状にする。
②クリップの内側部分（土台になる）を残して開く。針金状にしたアルミホイルの先が入る輪ができるようペンチで丸める。これを2つつくる。
③加工したクリップを，セロハンテープで机に固定する。また，2つのクリップの間に，ネオジム磁石をセロハンテープで机に固定する（右写真参照）。
④クリップの先の輪に①のアルミホイルの両端を通し，ブランコのような形に整形する。このとき，永久磁石とアルミホイルの距離ができるだけ近くなるよう調整する。
⑤アルミホイルをブランコのように揺り動かせることを確認する。

予備実験（所要時間10分）

クリップに導線をつないで電流を流し，動きを確認する。電流の向きや，永久磁石の極の向きを変えて試し，スムーズに動く場所を確定しておく。

授業場面の実際（所要時間10分）

❶ ブランコの動きを確認する

クリップに導線をつなぎ，電流を流したり切ったりして，ブランコの動きを確認する。

❷ 条件を変えて観察する

永久磁石の向き・電流の向き・電圧の大きさを変えると，ブランコの動きにどのような変化が起こるのかを確認し，表などにまとめてみよう。

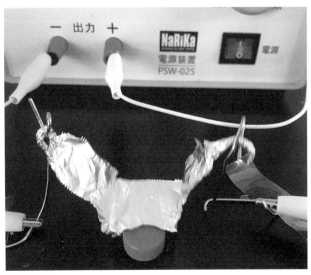

2年・化学分野　化学変化と原子・分子／化学変化

難易度 ★★★

シリコンチューブで，ダイナミックに水の合成をしてみよう！

水を電気分解すると，水素と酸素が2：1の割合で発生します。逆に水素と酸素をこの割合で混合し，着火すると水に戻ります。この気体は「爆鳴気」と呼ばれるほど大きな音を出し激しく燃えます。この実験をシリコンチューブの中で行うと，爆発の様子がよくわかり，内側に水滴が発生するのもわかりやすくなります。

用意するもの

圧電素子（電子ライターを分解して取り出す。p.60参照），虫ピン2本，導線，シリコンチューブ（直径4mm），ゴム栓，500 mLのペットボトル，アルミ針金，クリップ，水酸化ナトリウム，電源装置

※割れると危険なのでガラス器具は使わない

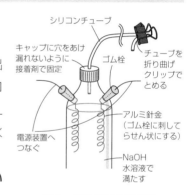

図1　自作電気分解装置

準備の手順（所要時間15分）

①図1のように，電気分解装置を自作する。アルミ針金をらせん状にすることで水に接する面積が多くなり，効率的に分解が進む。
②クリップでチューブの先端をとめる。
③図2のように着火装置をつくる。着火の直前まで電気分解装置から離して置いておく。

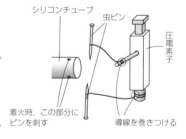

図2　着火装置

予備実験（所要時間15分）

火気に十分注意の上で行う。

※ここで紹介している実験は，安全に十分に配慮の上行ってください。

　電源装置のスイッチを入れ，電気分解を行う。チューブに気体が溜まったら，電源装置のスイッチを切り，チューブを電気分解装置から外してクリップでとめ，電源装置・電気分解装置から離れる。チューブの先端2か所に着火装置の虫ピンを刺し，圧電素子のスイッチを押して着火する。このとき，**チューブの口は絶対に覗かないようにする**。

　また，電気分解は実験直前に行い，発生した爆鳴気は長く放置しないこと。そのため，できるだけ効率よく水を電気分解することが必要である。チューブに爆鳴気が溜まったかどうかを確認するには，先端のクリップを外して少量の気体を洗剤につけ，机の上などに泡をつくる。これに火をつけて「ポン」と音が鳴れば，チューブに爆鳴気が溜まっている。

授業場面の実際（所要時間20分）

❶爆鳴気をチューブに溜める
　予備実験どおり，チューブに爆鳴気を溜める。

❷爆鳴気に着火
　予備実験どおりに着火する。着火の瞬間は部屋を暗くすると反応がよくわかる。下の写真は，理科教師が集まり行った予備実験の様子である。実験当日，他教師の協力が得られればこのように長いチューブで行うことも可能だが，**危険なので生徒には持たせず，またチューブの口を絶対に覗かないように十分注意喚起をすること**。

❸ホースの内側を観察
　爆発が起こった後のチューブの内側を確認する。中には発生した水滴がついている。このことから，化学反応式でチューブ内の反応を確認する。

2年・化学分野　化学変化と原子・分子／化学変化

難易度 ★☆☆

身近なものを使って，発熱反応・吸熱反応を確かめよう！

　化学反応が起こるときには必ず熱の出入りが観察されます。これを日常生活に利用できるようにしたものが，化学カイロや瞬間冷却パックです。しかし，単純に見える化学カイロにも大変な工夫がみられることを実験で確かめましょう。また，瞬間冷却パックのような吸熱反応は，身近なものでも起こすことができるということを実験で確かめましょう。

用意するもの

　化学カイロ，炭酸水素ナトリウム，クエン酸，ビーカー，温度計

準備の手順（所要時間5分）

①化学カイロはパッケージを開けるとすぐに反応を始めるので，パッケージは開けず，実験開始直前に各班に配付できるようにする。
②吸熱反応を確認するために，炭酸水素ナトリウムとクエン酸を利用するので，1班につきそれぞれ3gずつはかりとっておく。

予備実験（所要時間5分）

　化学カイロの実験ではメーカーによって発熱の様子が随分変わるため，必ず1度予備実験をして，最高温度の確認をしておく。
　吸熱反応の実験では，弱アルカリ性の炭酸水素ナトリウムと弱酸性のクエン酸を反応させ，水と二酸化炭素を発生させる。中和自体は発熱反応だが，二酸化炭素が発生するときに周囲の熱を奪うため，手のひらの上で温度が下がるのを体感できる。

授業場面の実際（所要時間30分）

❶発熱反応の実験

ビーカーと温度計を２つずつ準備し，化学カイロの袋を開けて一気に中身をビーカーに移す。もう１つの化学カイロは，袋の端を少しだけ破り，温度計を差し込んでテープで密閉する。どちらもすぐに温度の測定を開始して，１分毎のデータを記録する。

❷発熱反応のグラフ化と考察

温度変化をグラフにし，実際に化学カイロを利用するときとの違いやその理由を考察する。酸素供給量を調整する不織布の絶妙さに気づく。

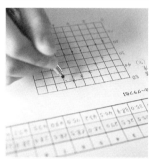

❸吸熱反応の実験

次に，吸熱反応を体感する実験を行う。炭酸水素ナトリウムとクエン酸を薬さじ１杯分ほど手のひらにのせる。その上に水を１mLほど滴下し，指でよく混ぜる。気体を発生させながら温度が下がってくるのを体感させる。ビーカー内で実験して温度を測定してもよい。

❹吸熱反応の実験結果から考察

市販の瞬間冷却パックは今回の実験の反応とは異なり，尿素が水にとけるときの吸熱反応を利用している。今回の反応が市販の瞬間冷却パックで利用されないのはなぜか，実験の様子から考えさせる（大量の二酸化炭素が発生するため，袋の中でこの反応が起こると破裂してしまうからである）。

第２章　手軽にできる！　観察・実験のアイデア50

2年・化学分野　化学変化と原子・分子／化学変化

難易度
★★☆

線香花火をつくって，鉄粉の燃焼の様子を確かめよう！

空気中で，激しく熱や光を出しながら酸素と結びつくことを燃焼といいます。燃焼の結果，酸化物ができます。金属も，細かい粉末にすると燃焼しやすくなります。その性質を利用したのが花火です。簡単な花火をつくり，鉄粉の燃焼の様子を確かめましょう。

用意するもの

鉄粉（できるだけ細かいもの），ガスバーナー，軍手，アルミホイル，針金，紙，セロハンテープ（プラスチックを用いていないセルロース製のもの）

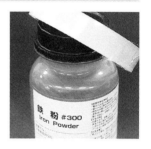

準備の手順（所要時間5分）

①燃焼させるときに火花が飛び散るので，ガスバーナーの下と周辺にアルミホイルを敷いて，机の上に燃焼したものが落下しないようにする。
②針金を20cm程度に切っておく。
③セロハンテープは必ずセルロース製のものを使用する。プラスチックが入っていると，燃焼させる際に異臭が出ることがある。

予備実験（所要時間10分）

紙の上に鉄粉を広げ，セロハンテープの粘着面を滑らせ，鉄粉を均等につける。このとき，針金に固定するためにセロハンテープの一端を5cm程度残しておく。20cm程度に切った針金にテープを巻きつけてしっかり固定する。バーナーの火に鉄粉つきのセロハンテープを入れて燃焼させ，危険のない鉄粉の量・火力を把握しておく。

※ここで紹介している実験は，安全に十分に配慮の上行ってください。

授業場面の実際（所要時間10分）

❶セロハンテープに鉄粉をつける

紙に鉄粉を薄く広げ，その上をセロハンテープを滑らせるように移動させて，粘着面にできるだけ均一に鉄粉をつける。

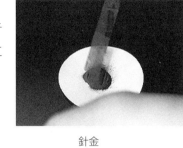

❷針金に装着する

鉄粉のついていない部分をうまく使って，針金の先にセロハンテープを巻きつけて固定する。そのとき，セロハンテープがたわむようであれば，縦半分に折るなど工夫をしてできるだけ直線状になるように工夫する。

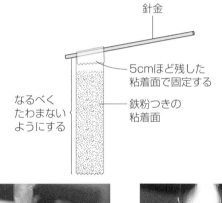

❸着火する

軍手をはめた手で針金を持ち，セロハンテープの下端をガスバーナーの火に近づけて着火する。すると，まるで線香花火のように火花を散らしながら鉄粉が燃焼し，火が上にのぼってくる。火が自然に消えるまで持ち続けるようにする。

第2章　手軽にできる！　観察・実験のアイデア50

2年・生物分野　生物の体のつくりと働き／植物の体のつくりと働き　　　難易度 ★☆☆

ヨウ素デンプン反応を，手軽にはっきり見てみよう！

光合成の結果，デンプンができているという実験は，簡単にできそうで，なかなかはっきりと見ることができません。そこで，水草を利用して簡単にデンプン粒を観察する方法を確かめましょう。

用意するもの

500 mL のペットボトル，水草（オオカナダモやクロモ），炭酸水素ナトリウム（重曹），漂白剤（塩素系），ヨウ素液，ビーカー，シャーレなどの容器，顕微鏡

準備の手順（所要時間5分）

①ペットボトルに水草を入れ，その中にペットボトルいっぱいの水と炭酸水素ナトリウム5gを入れる。
②ペットボトルに光をあて，丸1日光合成させる。直射日光は温度が上がりすぎるので，蛍光灯やLEDなど熱発生量が少ない光源を利用する。
③漂白剤は薄めてビーカーなどに入れておく。

予備実験（所要時間15分）

1日前からペットボトル内で光合成させておいた水草の葉を採取し，漂白剤に入れる。葉緑素が脱色されて観察しやすくなる。ここで1度水洗し，ヨウ素液につける。この時点で青紫色になっていれば，光合成によってデンプンができている。ここまでをしっかり確認して実験に用いる。

※ここで紹介している実験は，安全に十分に配慮の上行ってください。

授業場面の実際（所要時間15分）

❶ペットボトルから取り出した水草の葉をとる

シャーレなどの容器を準備し，その中にペットボトル内で光合成させた葉を数枚とっていく。染色するものとしないものを観察するため，班ごとに少なくとも2枚必要になる。

❷漂白する

光合成でデンプンができたことを確認する実験用には，漂白が必要になる。葉を漂白剤に入れて，緑色がなくなるまで5分ほど静置する。その後しっかり水洗し水の中に保管する。

❸ヨウ素デンプン反応を観察する

漂白した葉をヨウ素液につける。デンプンができていると青紫色になるので，それを顕微鏡で観察する。このとき，ヨウ素デンプン反応をさせていないものも同時に観察し，照らし合わせると，デンプンが葉緑体の中にできているということがわかる。

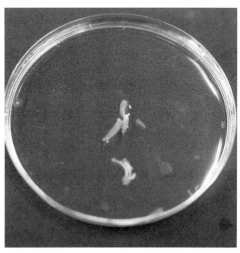

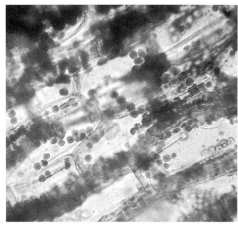

第2章　手軽にできる！　観察・実験のアイデア50

2年・生物分野　生物の体のつくりと働き／植物の体のつくりと働き

難易度 ★☆☆

紙と水を使って，植物が水を吸い上げるしくみを確かめよう！

植物が水を吸い上げるのには，いくつかの原理が関わっています。この実験のように，毛細管現象という現象もそのひとつです。紙に水を落とすと，水がしみ込み上にあがっていく性質を利用して，毛細管現象の様子を見てみましょう。

用意するもの

ビーカー，食紅で着色した色水，色々な紙（今回はろ紙を使用），クリップ，スライドガラス，セロハンテープ

準備の手順（所要時間10分）

①ビーカーを並べ，ビーカーの底から隣のビーカーの底までの長さをはかる。
②①の長さに合わせて，いろいろな紙を短冊状に切って準備しておく。
③実験の回数・ビーカーの数によって，色水の色数なども変わるので，必要数を確認しておくこと。

予備実験（所要時間10分）

表面張力で水がしみ渡る速度は，紙の繊維の様子によって全く異なる。実験にかける時間によって紙を選択することが必要である。実験道具をセットして翌日観察する場合には，いろいろな種類の紙を用意しておくとよい。この実験は，紙の種類を変えれば，目的を変えて様々な単元で行うことができる。例えば薄い紙を使えば乾湿計に水がしみ込んでいく様子を確かめられる。厚紙を使えば，岩石に水がしみ込んでいく様子を確かめられる。根が水を吸い上げる様子を簡単に確かめるためには，今回のようなろ紙が最適である。

授業場面の実際（所要時間15分　※❸❹の結果が出るには丸1日程度必要）

❶紙に水がしみていく様子を観察する

例えば、いつも実験でろ紙を使うときに、水がどんどんしみていくことを思い出させる。多くの紙は、植物の繊維を集めて平らにしたものである。水は、その繊維の間をあがっていく。

❷スライドガラスで様子を確かめる

2枚のスライドガラスの間にクリップなどの細い棒状のものを挟み、上部をセロハンテープなどでとめる。下端を色水につけると、右の写真のように、細い隙間を通って水が上にあがるのがわかる。ろ紙を水につけたときも、同様の仕組みで水が吸い上げられているということを確認する。

セロハンテープでとめる
クリップを間に挟む
吸い上げられた色水

❸水を入れた容器から水を移動させる

色水を入れたビーカーと空のビーカーを横に並べて、ろ紙を両方に渡し、しばらく置いておく。時間が経過すると、水はどのように変化するだろうか。

❹条件を変えて実験する

2つのビーカーに段差をつくる、空のビーカーを3つの色水入りのビーカーで囲むなど、いろいろな条件で実験をして、気づいたことをまとめる。

第2章　手軽にできる！　観察・実験のアイデア50

2年・生物分野　生物の体のつくりと働き／植物の体のつくりと働き　　難易度 ★☆☆

色々な気孔をいつでも観察できる標本をつくってみよう！

植物は葉の裏に多く分布する気孔から，ガス交換や蒸散を行っています。教科書ではどの気孔の形も同じように描かれていますが，実際は種類によって様々です。ここでは，色々な気孔の形をいつでも簡単に観察できるような標本をつくってみましょう。

用意するもの

スライドガラス，カバーガラス，液体絆創膏，植物の葉（マツの葉や観葉植物など），パンチ穴補強シール，ピンセット，顕微鏡

準備の手順（所要時間5分）

①植物の葉を数種類準備しておく。
②液体絆創膏を準備しておく。
③スライドガラスを準備しておく。
④顕微鏡の明かりはしぼっておく。

予備実験（所要時間5分）

葉の裏に液体絆創膏を塗り静置する。塗る範囲は5mm四方程度で，それほど大きい必要はない。

パンチ穴補強シールの穴の大きさが，観察できる範囲になる。顕微鏡の光が強すぎるとコントラストがはっきりしないので，最も見えやすい位置を把握しておく。

授業場面の実際（所要時間15分）

❶気孔の組織をはがしとる

植物の葉の裏に，液体絆創膏を塗って乾燥させる。乾燥させた後にピンセットで丁寧にはがし，スライドガラスの上にのせる。

❷標本をつくる

スライドガラス上にパンチ穴補強シールを貼りつける（右写真は穴をあけたビニルテープで代用している）。その穴の上にはがしとった組織をのせ，カバーガラスをかける。こうすることで，組織がスライドガラスに直接触れず，観察しやすくなる。

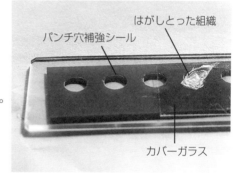

❸観察する

顕微鏡の光量を調整して観察し，スケッチする。標本は保管することができるので，色々な植物の気孔を観察してみることができる。

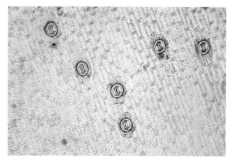

第2章　手軽にできる！　観察・実験のアイデア50

2年・生物分野　生物の体のつくりと働き／植物の体のつくりと働き

難易度 ★☆☆

カイワレダイコンで，手軽に道管を観察しよう！

植物の根から吸収された水や肥料分は道管を通って，葉でできた栄養分などは師管を通って運ばれます。植物にはこのような管が束になった「維管束」というものが見られます。ここでは，手軽で安価なカイワレダイコンを利用して，道管の様子を確認してみます。

用意するもの

カイワレダイコン，染色液（ただし固定してしまう酢酸カーミンなどは不可），温めた塩酸，顕微鏡，ろ紙，はさみ，スライドガラス，カバーガラス

染色液

準備の手順（所要時間5分）

①染色液を作成する。あまり濃くする必要はない。食紅でも可能ではあるが，黄色などでは見にくいので濃い色を使う。
②カイワレダイコンのケースの下の方（補水部分）に染色液を入れて実験前日から放置する。染色液を吸い上げて葉脈に色がつくと実験の準備は完了。

予備実験（所要時間10分）

染色したカイワレダイコンを温めた塩酸にひたしてセルロースを加水分解し，細胞壁を柔らかくする。その状態でスライドガラスの上に置き，上からカバーガラスをかけ，ろ紙をかぶせた後に，親指の腹で押しつぶす。顕微鏡で観察すると，道管の壁の部分が染色されて見える。見えにくい場合は，塩酸の処理時間等を調整し，時間を把握しておく。

※ここで紹介している実験は，
　安全に十分に配慮の上行ってください。

授業場面の実際（所要時間15分）

❶塩酸処理
　前日から水を吸わせていたカイワレダイコンの葉の状態を確認し，染色液が十分あがっているものを数本とり，温めた塩酸の中にしばらく入れる。柔らかくなったところで取り出して水洗する。

❷プレパラートにする
　取り出したカイワレダイコンの葉柄（軸）の部分を適当な長さに切断し（はさみが便利），スライドガラスの上に置く。その上からカバーガラスをかけ，ろ紙をかぶせてから親指の腹で垂直に押し潰す。

カイワレ大根の葉柄（軸）は白いため，染色液が通っている様子がわかりやすい

❸検鏡する
　顕微鏡で観察し，染まった道管の様子を確認する。螺旋状になって見えるのが道管。

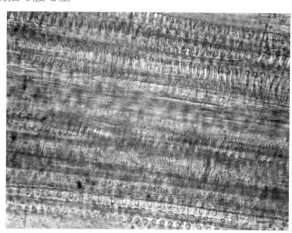

第2章　手軽にできる！　観察・実験のアイデア50　79

2年・生物分野　生物の体のつくりと働き／動物の体のつくりと働き

難易度 ★☆☆

フルーツのタンパク質分解酵素のはたらきを実感しよう！

私たちは消化酵素によって食べたものを分解しエネルギーとして使っています。タンパク質分解酵素は，主に胃液の中に存在していて，唾液の実験のように簡単に展開することはできません。しかし，身の回りの植物には，タンパク質分解酵素を含んでいるものがたくさんあります。実験を通してタンパク質分解酵素のイメージを捉えましょう。

用意するもの

ゼラチン，水，お弁当用のアルミカップ（班の数），様々な果物（キウイやパイナップルなど南方系のものはタンパク質分解酵素の活性が高い）

準備の手順（所要時間15分）

①沸騰した水にゼラチンを加えてとかし，アルミカップに注いで冷蔵庫で冷やす（分量は市販のゼラチンの箱等を見て確認する）。なお，市販のゼリーを使用してもよいが，ゼラチンが使用されていないものも多く存在するため，教師が作成したほうが成功しやすい。

②果物を用意し，①で作成したゼリーの上に置くことができる大きさに切り分けておく。別の果物同士が混ざらないように分けておく。

予備実験（所要時間15分）

ゼリーは温度が上がると柔らかくなってしまう（25℃以上で融解する）が，温度が低いと酵素の活性が上がらず，結果が出るまでに時間がかかってしまう。実験の開始時にゼリーが20℃程度になっているのが理想である。季節によって，何分前に冷蔵庫からゼリーを出すのがよいか見極めておく。

授業場面の実際（所要時間10分※結果が出るまでに1時間程必要）

❶ゼリーを班ごとに配付する

あらかじめ作成しておいたゼリーが，魚料理の煮こごりなどと似たような動物由来で，主成分はタンパク質であることを確認する。

❷果物を配付して実験する

あらかじめ大きさを切りそろえておいた数種類の果物を配付し，同時にゼリーの上に置き，変化を確認する。

キウイをゼリーの上に置いた直後　　約1時間後，ゼリーの中に数ミリ沈み込んでいる

❸記録して考察する

時間の経過とともに，果物に含まれるタンパク質分解酵素によってゼリーの中に沈み込んでいく。果物の種類によっては全く変化が起こらないものもある。例えばパイナップルがハンバーグなどの上にのせられていることの理論的な裏付けなども考えさせたい（製造過程で酵素が失活している缶詰のパイナップルがハンバーグの上にのっているのには意味がないことがわかる）。

第2章　手軽にできる！　観察・実験のアイデア50

2年・生物分野　生物の体のつくりと働き／動物の体のつくりと働き

難易度 ★★☆

キノコの酵素で，タンパク質の分解を見てみよう！

唾液のアミラーゼでデンプンを分解する実験はよくやりますが，タンパク質の分解を見る機会はあまりありません。そこで，身近な素材を使って，タンパク質分解酵素のはたらきを確かめてみましょう。

用意するもの

卵1個，マイタケ（約10g），水（30cc），プリンカップ3個，鍋（プリンカップ3つが入るもの），アルミホイル，市販の胃腸薬（用意できれば），パパインなど市販のタンパク質分解酵素（用意できれば）

準備の手順（所要時間30分）

①マイタケをみじん切りにする。
②みじん切りにしたマイタケのうち，半分は生のまま，もう半分はしっかり茹でる。
③卵をといておく。

予備実験（所要時間20分）

といた卵の中にマイタケを入れてよく混ぜると，マイタケに含まれるタンパク質分解酵素の働きで，卵の中のタンパク質が分解されて，加熱しても凝固しなくなる。予備実験では，凝固までの時間の確認と，マイタケの量による効果を確認しておく必要がある。

授業場面の実際（所要時間20分）

❶ プリンカップに卵とマイタケを入れる

といた卵を3等分し，(A) 卵・生のマイタケ・水10cc，(B) 卵・しっかり茹でたマイタケ・水10cc，(C) 卵・水10ccをそれぞれプリンカップに入れてよく混ぜる。(A)〜(C)が区別できるように印をつけておく。

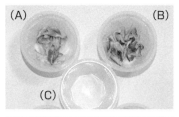

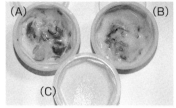

❷ プリンカップを蒸す

鍋などを活用して，3つのプリンカップを同じ条件で蒸す。大型のビーカーに複数個のプリンカップを並べて蒸すこともできる。その場合は，アルミホイルなどを利用して水蒸気を逃さないような工夫が必要になる。

❸ 結果を確認する

卵のかたまり方を確認し，なぜこのようなことが起こるのかを推論する。

＋α　胃腸薬やパパインを混ぜて試してみよう

胃腸薬の中には，タンパク質分解酵素を含んでいるものもある。また，試薬としてパパインのようなタンパク質分解酵素が市販されている。これらを卵に混ぜて加熱し，マイタケを混ぜたプリンカップと比較してもよいだろう。

(A) の加熱後　　　(C) の加熱後　　　パパインを入れて加熱後

第2章　手軽にできる！　観察・実験のアイデア50　　83

2年・地学分野　気象とその変化／気象観測

難易度 ★★☆

マグデブルグ半球で，大気圧の大きさを実感しよう！

　17世紀，ドイツのマグデブルグ市の市長だったゲーリケは，大気圧を実感させるため，半球状の鉄を2個密着させ，中の空気を抜いて馬に引かせる実験をしました。大気圧によって密着した鉄球はなかなか離れなかったのです。この実験に使われた半球は「マグデブルグ半球」と呼ばれています。これを身近な材料で再現してみましょう。

用意するもの

　同じサイズの金属ボウル2個，ボウルの直径よりも大きな厚紙（白ボール紙や工作紙），エタノール，脱脂綿，ライター

準備の手順（所要時間10分）

①厚紙を，ボウルの直径より数cm大きめのドーナツ型に切る。
②厚紙を水につけ，密着するように工夫する。
③ボウルの縁に濡れた厚紙を置き，2つのボウルがぴったり密着することを確認する。
④脱脂綿をエタノールで湿らせておく。

予備実験（所要時間10分）

　この実験で最も重要なポイントは，ボウル同士の密着度。そこで，濡らした厚紙を挟むわけである。厚紙がちょうどパッキンの役割をする。実際に濡らした厚紙をボウルの縁に置き，2つのボウルを重ねて隙間ができないことを確認しておく。

84

※ここで紹介している実験は，
　安全に十分に配慮の上行ってください。

授業場面の実際（所要時間10分）

❶実験の説明
　ゲーリケが実際に使用した鉄球の大きさにはいろいろな説があるが，40 cm弱と考えられている。この中を真空にすると，両側から16頭の馬で引いてやっと外れたと言われている。これは外部からの大気圧が原因である。
　今回は金属製のボウルを2つ使って実験する。また，ゲーリケはパッキンとして濡らした動物の皮を利用したが，今回は濡らした厚紙を利用する。

❷真空に近づける
　ボウルをそのまま使うので，真空ポンプは使うことができない。そこで，ボウルの中の酸素を減らして減圧する方法をとる。ボウルの中にエタノールで湿らせた脱脂綿を置き，ライターで着火する。もう1つのボウルを重ねると，内部の酸素が燃焼で使われ，火が消える。それによって内部の酸素量が少なくなる。着火後は熱いので，ボウルに直接触れないように注意する。

❸ボウルを外してみる
　少し時間をおいて冷ましてからボウルを外してみる。かなりの力でも外れにくくなっていることを確認する。ただし，金属ボウルは変形もしやすいし，それほど内部の減圧もできないので，外れることもある。外れなかった場合，しばらく放置しておくと厚紙が乾燥してボウルは外れる。

2年・地学分野　気象とその変化／天気の変化

難易度 ★☆☆

手の熱で上昇気流をつくり，翼を回してみよう！

　暖房をかけている部屋でも足元が寒いということはよくあります。実際に気温を測定すると，部屋の上と下では相当な差があることがわかります。温められた空気は膨張し，密度が小さくなるからです。このとき，上昇気流が発生します。この上昇気流は様々な気象現象の原因になっています。

用意するもの

　アルミカップ（弁当の仕切りなどに使うもの），爪楊枝，土台になる消しゴムなど

準備の手順（所要時間10分）

①アルミカップのちょうど中央に爪楊枝で穴をあける。
②アルミカップに切れ目を入れて風車の翼のように回転するようにする。
③爪楊枝を消しゴムなどに立て，その上に①の翼を置く。

予備実験（所要時間5分）

　翼を爪楊枝の上にのせる。このときの安定度，バランス，スムーズな動きが最大の課題になる。実際に，右ページの写真のようにアルミカップの周囲を手で覆うようにし，アルミカップが回転する様子を確かめる。アルミカップにも色々な種類があるので，爪楊枝の高さとの組み合わせなども重要になる。最もスムーズに実験できる組み合わせを見つけ出しておく必要がある。

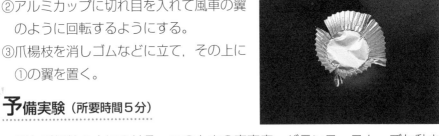

授業場面の実際 (所要時間10分)

❶教師が見本を見せる
　生徒を教室の前に集め，予備実験で作成したアルミカップの翼を回転させてみせる。なぜこのようなことが起こるのか，予想させる。

❷回転翼を作成する
　班や個人で工夫して装置を作成する。翼の形はいろいろ考えられるので，教師が見本として見せたものを参考にしながら，くぼみのつけ方・翼の枚数・切り込みの入れ方や曲げ方などを工夫してよりスムーズに回転する方法を探る。中心をしっかりとるのがポイントである。

❸手の熱で上昇気流を起こす
　手で周囲を覆うようにすると，上昇気流によって翼が回転する。その理由を，図などを作成して考えてみる。

2年・地学分野　気象とその変化／天気の変化

難易度
★☆☆

前線モデルをつくって，暖気と寒気がぶつかる様子を観察しよう！

日本付近の天候の変化には前線の影響が大きく表れます。暖気と寒気が接しても，簡単に混ざり合うことはありません。前線面ではどのようなことが起きるのかをじっくり観察するために，大きめの装置を作成して観察してみましょう。

用意するもの

透明なプラスチック板2枚，大型クリップ10個ほど，ゴムチューブ，じょうご，ビーカー，水，水性インク2色，発泡スチロール板，スポンジ

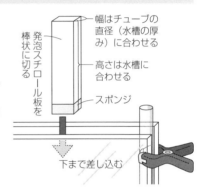

幅はチューブの直径（水槽の厚み）に合わせる
高さは水槽に合わせる
発泡スチロール板を棒状に切る
スポンジ
下まで差し込む

準備の手順（所要時間10分）

① p.54と同様の水槽をつくる。また，ゴムチューブの直径に合わせて，発泡スチロール板を加工し（上図参照），下端にスポンジをつける。これを2枚のプラスチック板の間に差し込み，水槽に2つの部屋をつくる。水を入れて，チューブの横や発泡スチロールの間から漏れないことを確認する。
② 水の温度の違いを色で表現するため，水性インクで2色の色水をつくる。

予備実験（所要時間15分）

着色した水の一方を少しだけ加熱して，温度差をつくる。温度差は1度以内に収めるようにするのがコツ。実験が上手くいく水温を見つけるのがこの実験のすべて。あまりにも温度差があると一瞬で水が動くので，ごく僅かの温度差で実験してみて，ゆっくり混ざり合う温度差を見つけておく。

授業場面の実際（所要時間10分）

❶空気モデルを設置する

2枚のプラスチック板の間に発泡スチロール板の境界を設置する。この両端にじょうごで2種類の色水を入れて，温かい空気と冷たい空気が接している状況のモデルをつくり出す。

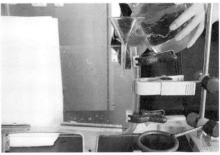

❷境界を引き抜く

中心に設置してある発泡スチロール板を静かに，かつ一気に引き抜く。水がゆっくり動いていく様子を観察させる。

❸温度の違いと水の動きを確認する

冷たい水がゆっくり下に潜り込んでいく様子が観察できる。そのとき，温かい水の塊が上に押し上げられている様子をしっかり観察させる。

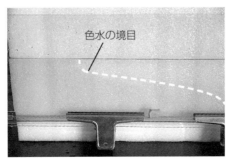

2年・地学分野　気象とその変化／天気の変化

難易度　★☆☆

トレイの中に，カルマン渦をつくってみよう！

日本付近では冬になると，シベリア気団が発達し，西高東低と呼ばれる冬型気圧配置になります。すると，強い北西の風が吹き，その風によって特徴的な雲の形が見られることがあります。この渦状の空気の流れをカルマンといいます。対馬や屋久島，お隣韓国の済州島などで特に目立ちます。この形を再現してみることにしましょう。

用意するもの

大きめのトレイ，書道用の墨汁，牛乳，割り箸

準備の手順（所要時間5分）

①班ごとに配付するための墨汁と牛乳を用意しておく。
②トレイは下が平らな大きめのものがあればよい。
③割り箸は割らずに使う。様々な太さのもので比較するのもよい。

予備実験（所要時間5分）

トレイの全面に牛乳を薄く（トレイの下から1cm程度）入れ静置する。そこに静かに牛乳とほぼ同量の墨汁を入れていく。比重の関係で墨汁が下に溜まるので，できるだけ動かさないようにする。垂直に立てた割り箸を一定の速度でトレイの端から端まで移動させ，墨汁がつくり出す模様を観察する。使った牛乳・墨汁はすべて廃棄することになるので，無駄にならない適切な量を見つけ出しておく。

授業場面の実際（所要時間10分）

❶牛乳と墨汁で層をつくる

トレイの中に牛乳を入れる。それほど深さは必要ないので、無駄にしないように適切な量を使う。

トレイを静置して、その中に薄く墨汁を垂らしていく。端から静かにそそぎ入れさせるのがポイント。墨汁は完全に牛乳の下で層をつくる。比重の関係でこのようになるということにも、作業中に気づかせたい。

❷風の代わりに割り箸を動かす

実際にカルマン渦の雲ができるときに動いているのは空気（風の流れ）である。一定方向に吹く風が山などの障害物に当たることで、渦状の雲ができるのである。そのため、本来は直接的な力を加えずに液体を動かすべきだが、この実験では割り箸を垂直に立てて一定の速度で移動させることで、強い北西の風が吹いている状況を再現する。

❸カルマン渦を観察する

牛乳の下の墨汁がつくり出す模様を確認する。割り箸などの移動速度や太さによって模様が変化する。トレイのサイズによって、試すことができる回数は決まってくるが、調整して何度か確かめたい。

3年・物理分野　運動とエネルギー／力のつり合いと合成・分解

難易度 ★★★

本格的な浮沈子をつくって，浮力と力のつりあいを観察しよう！

浮力によって水中を上下する浮沈子。最近は醤油さしなどで簡単につくることができる浮沈子ですが，ガラス管を切って，ガスバーナーで加工するところから始めて，本格的な浮沈子をつくってみることにしましょう。

用意するもの

ガラス管（直径5mm程度），ガスバーナー（家庭用の，手に持って使うタイプがよい），ヤスリ，500mlのペットボトル（炭酸飲料のもの），ステンレス製の試験管立て

準備の手順（所要時間15分）

①ガラス管をヤスリで15cmくらいに切っておく。
②ガスバーナーの火力を確認し，どのくらいの時間で一端を閉じて，膨らませることができるのかを確認しておく。

予備実験（所要時間30分）

ガラス細工は，生徒たちは喜んで取り組むが，不注意で火傷をすることがないよう十分注意する。ステンレス製の試験管立てといった，冷却のための置き場所などの条件を整備しておくと，大きな問題もなく実験することができる。ガスバーナーは火力が強いほど短時間で実験できるが，粘度が下がって失敗することも多いので，十分気をつけさせたい。また，ガラス管の切断は，ヤスリで傷をつけることで簡単にできるので，体験させたい。

※ここで紹介している実験は，
安全に十分に配慮の上行ってください。

授業場面の実際（所要時間30分）

❶ガスバーナーで加熱しながら一端を閉じる

適当な長さに切断したガラス管を配付する。ガスバーナーの炎の中でガラス管を回転させ，一端をしっかり閉じる。

❷球状になるまで膨らませる

一旦冷やしてもよいが，可能であればそのまま加熱範囲を広げる。全体がオレンジ色になったら，ゆっくり息を吹き込み膨らませる。常に回転させておくのが重要。

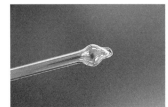

❸完全に冷やした後，水に入れてみる

ステンレス製の試験管立ての上などに置いて完全に冷やした後，水に入れてバランスを確認する。もし，完全に沈んでしまうほど重たい場合，膨らませた場所より下の部分をヤスリで折って，浮くように重さを調整する。

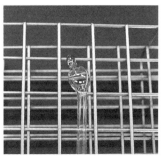

❹ペットボトルに入れて，圧力をかけ，上下することを確認する

出来上がった浮沈子を，水を入れたペットボトルに入れて蓋をする。ペットボトルを強く握ると浮沈子が沈んでいく。圧力をかけることで浮沈子の中の空気も押しつぶされ，ガラス管の中に水が入っていく様子がわかる。水が入った分，浮力が小さくなるのだ。

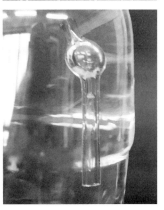

第2章　手軽にできる！　観察・実験のアイデア50　93

3年・物理分野　運動とエネルギー／運動の規則性

難易度
★☆☆

インスタント味噌汁で，慣性の法則を実感しよう！

私たちの身の回りには，慣性の法則で説明できることがたくさんあります。ところが，力は目に見えないし，そうなることが当たり前と考えてしまうため，そこに考えが及ばないことも多いです。ごく身近な例で，慣性の法則を考えてみることにしましょう。

用意するもの

お碗などの中が見やすく耐熱性のある容器，インスタント味噌汁やスープの素（水面に具が浮くものがよい），お湯（水でもよい），お盆（なくてもよいが，使用した方が安全）

準備の手順（所要時間5分）

①味噌汁やスープの素のうち，水面に具が浮くようなものを選んで準備する。
②都合でそういうものが用意できなかった場合，容器に水を入れて紙片などを浮かばせるだけでも代用できるが，生活感は出てこない。

予備実験（所要時間5分）

実際に準備した容器を直接持ってもお盆にのせて持ってもよいが，お湯を使うので安全面にだけは注意したい。実際に容器を回転させたり，自分で手に持って動いてみたりして，こぼさないようなお湯の量を確認しておきたい（速く回転する必要はないが，どうしてもそのような生徒が出てくるものなので，それを見越した量を把握する）。

授業場面の実際 (所要時間10分)

❶味噌汁を準備する

実験の趣旨を説明し,準備をする。味噌汁やスープの素にお湯を注ぎ,具が浮かんでいる状態にする。しばらく静置して,容器の中身がすべて動いていない状態にする。

❷容器を回転させる

机の上にある容器(またはお盆)をゆっくり回転させてみる。そのとき,中の具の位置関係がどうなるのかを確認し,記録する。

❸容器を持って回転する

容器(またはお盆)を持ったまま自分が中心になってゆっくり回転し,容器の中の具の位置関係がどうなるのかを確認し,記録する。

❹容器の中の具が動かないことを確認する

ゆっくり回転すると,容器の中の液体は慣性によってほとんど動かない。中の具の位置も変化しないということに気づかせたい。

マーカーで印をつけておくと位置がわかりやすい

3年・物理分野　運動とエネルギー／運動の規則性

難易度
★★★

ワインボトルを使って，慣性の法則を実感しよう！

だるま落としという日本の伝統的なおもちゃがあります。積み重ねられただるまのお腹の部分を横から叩き，叩いた部分を飛ばしても，その上の部分は移動することなくそのまま落下してくるというものです。そのしくみを，ワインボトルと乾電池などを使って確認してみることにしましょう。

用意するもの

結束バンド，空のワインボトル，セロハンテープ，単三か単四の乾電池

準備の手順（所要時間10分）

①結束バンドは輪にして使うので，癖がついているものはできるだけ伸ばす。
②結束バンドで輪をつくる。何重かに巻いてセロハンテープでとめる。ものをのせてもたわまないような強度になるように，大きさや巻き数を調整する。
③ワインボトルの上に安定して設置でき，さらに頂点部に乾電池を安定して置けることを確認する。

予備実験（所要時間10分）

結束バンドの輪をワインボトルの上に置く。そのとき，結束バンドをとめているセロハンテープの位置などを調整する。多少横長の楕円形になっても構わない。輪の直径は10 cm 程度から15 cm 程度までで数種類準備する。

授業場面の実際（所要時間10分）

❶実験のセッティングをする

ワインボトルの上に輪を置き，バランスを確認する。ワインボトルは動かないように固定するか，他の班員に手で押さえてもらうようにする。

❷輪の上に乾電池をセットする

輪の上に，乾電池を置く。このとき，ボトルの口の真上に来るようにする。

❸輪を引き抜く

輪の中に指や手を置いて，真横に一気に引き抜く。輪の大きさによって，できるだけ素早く動かせるように引き抜き方を工夫しよう。

❹なぜボトルの中に落ちる？

輪の上から乾電池がワインボトルの中に落下する。「静止していたものは静止し続ける」という慣性が働くので，まっすぐ下に落ちるのである。輪のたわみなどによって1回でうまくいかない場合は，巻き数を増やして強度を高めるなどして調整し，何度か繰り返す。

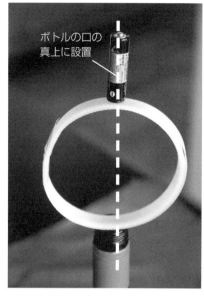

ボトルの口の真上に設置

手や指の使い方を工夫して
矢印の方向にまっすぐ引き抜く

第2章　手軽にできる！　観察・実験のアイデア50

3年・物理分野　運動とエネルギー／力学的エネルギー

難易度
★★☆

鉄球を飛ばして，磁力による運動の変化を調べよう！

最も強力な磁石と言われるネオジム磁石の磁力を利用して鉄球を加速させます。ネオジム磁石の個数や鉄球の位置などを変えて，鉄球の動きがどのように変化するのかを確かめましょう。

用意するもの

鉄球3つ，ネオジム磁石（直径が鉄球と同程度のものを使用），ダンボールまたは配線カバー（いずれも長さ25 cm 以上），鉄球と同程度の大きさのプラスチック製や木製の球（次頁❹を実施する時間があれば）

準備の手順 （所要時間10分）

小さい鉄球を使用するときは，ダンボールを使うとよい。ダンボールの溝に沿ってカッターナイフ等で切り込みを入れて，レール状に加工しておく。大きい鉄球を使用するときは，配線カバーなどをレールとして利用できる。

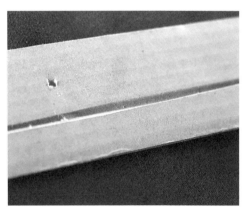

予備実験 （所要時間5分）

実験自体は簡単にできるので，実際にどのくらいまで加速して飛んでいくのかを確認しておく。レールなどのサイズの確認が重要になる。

授業場面の実際（所要時間10分）

❶鉄球同士をぶつける

コースに鉄球を3個置く。一番端の鉄球を指ではじき，残りの鉄球にぶつける。すると，ぶつけられた鉄球がどのように動くのかを確かめよう。ぶつけられた鉄球は，ぶつけた鉄球とほぼ同じ速度で動き出す。

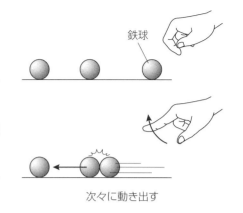

次々に動き出す

❷ネオジム磁石をセット

次に，ネオジム磁石の両端に鉄球を2つつけたものをレールの上に1つ置く。そこから5cmほど離したレールの上に，鉄球を1つ置く。

❸動きの違いを確認する

❶と同じように指ではじき，鉄球をぶつけて，❶との動きの違いを確認する。右写真のようにネオジム磁石を鉄球A・Bで挟むと，鉄球Aが飛び出す速度が❶に比べて各段に大きくなる。

❹鉄球以外のものを置いてみる

鉄球Bを，軽い木製やプラスチック製のものに置き換えて実験してみよう。

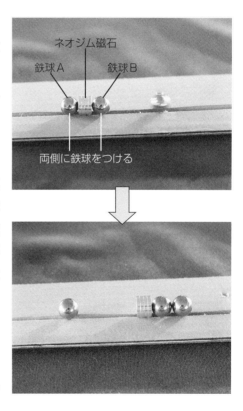

第2章 手軽にできる！ 観察・実験のアイデア50

3年・物理分野　運動とエネルギー／力学的エネルギー

難易度 ★☆☆

ビーズを使って，低摩擦の世界を見てみよう！

私たちの世界では色々なところで摩擦が働いています。摩擦力がなければ普通に歩くことも困難ですから，摩擦の全てが悪いわけではありませんが，「低摩擦」であることを求められる場所もたくさんあります。例えば，工作機械などでは低摩擦の部分を多くして，エネルギーのロスを減らしています。低摩擦の世界はどうなっているのか見てみましょう。

用意するもの

プラスチックやガラスのビーズ（直径1mm程度。虹ビーズがおすすめ），木片（タテ10cm×ヨコ5cm程度），画鋲，バネばかり，フック，木材など（ビーズをまく際の囲い），マッチ箱

準備の手順（所要時間5分）

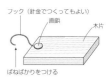

①ビーズが机からこぼれないように木材で囲いをつくる。
②木片に画鋲でフックをつけて，バネばかりを固定することができるようにする。
③プラスチックビーズは理科の教材として販売されている。ガラスビーズは通信販売などで購入することができる。シリカゲルもほぼ球形なので利用できるが，直径がバラバラなので，ふるいなどでサイズを合わせておく。

予備実験（所要時間10分）

フックをつけた木片の質量を測定して記入しておく。直径が均一なビーズでない場合，ふるいにかけた後に実際にビーズをまいた上で木片を移動させてみる。あまりにも径が合わないものは取り除く。また，消しゴムのカスなどの小さなゴミや，机の段差などが邪魔になるので，条件を整えておく。

授業場面の実際（所要時間10分）

❶ビーズをまく
　机の上のゴミなどを取り除き，床にこぼれないように注意してビーズをまく。均一に並ぶようにして，木片を引く距離を確保する。

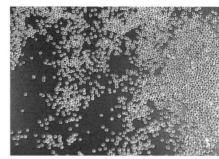

❷木片を引いてみる
　木片につけたフックにバネばかりをかけて横に引き，そのときのバネばかりの表示を確認する。実験結果をより正確にするために，数回測定し，平均値を求めるとよい。

❸仕事の大きさを測定する
　ビーズをまいたときとまいていないときのバネばかりの数値から，それぞれの状況下での仕事の大きさを測定して比較してみよう。

❹回転の様子を確かめる
　まいたビーズの上で，マッチ箱などを回転させ，様子を確かめる。摩擦が小さくなっているため，ビーズをまいていない机の上とは異なり，数秒間勢いよく回転し続ける。質量が大きいほど長時間回転する。
　使用後のビーズを床にこぼすと滑って危険なので，実験後は必ずビーズを全て回収するように十分注意する。

3年・化学分野　化学変化とイオン／水溶液とイオン

難易度 ★★☆

小さなたれ瓶で，簡易電気分解装置をつくろう！

廃棄物の関係などから，化学実験は使用する薬品をできるだけ少なくするのが推奨されています。小規模で実験する方法はマイクロスケール実験と呼ばれています。専用の実験器具も販売されていますが，身の回りのものを活用して実験することも可能です。ここではソースや醤油などの「たれ瓶」を利用してマイクロスケール実験をやってみましょう。

用意するもの

たれ瓶2本，両面テープ，9Ｖの乾電池（ソケットがあればなおよいがなくても可能），導線，ステンレスの針2本，浅めのシャーレ（別容器でも可），薄い塩化銅水溶液（5％），赤インク（水で約1000倍に薄める）

準備の手順（所要時間10分）

①たれ瓶2本を両面テープで貼りつけておく。電極として利用するステンレスの針を斜めに刺す。
②9Ｖの乾電池に導線を固定して，電源装置の代わりとして準備する（ショートに気をつけること）。
③5％塩化銅水溶液をつくり，たれ瓶の口のすれすれまで満たす。シャーレにも少量入れる。

予備実験（所要時間10分）

上で作成した電気分解装置が倒れずシャーレの上に自立するよう調整しておく。分解が進むとたれ瓶の中の液体が外に出てくるので，シャーレからあふれることがないように量を調整する。また，乾電池をステンレスの針に接続して，電流が流れることを確認しておく。

※ここで紹介している実験は，
　安全に十分に配慮の上行ってください。

授業場面の実際（所要時間15分）

❶装置を組み立てる

配付した装置を組み立てる。シャーレに予備実験で確認した量の水溶液を入れる。たれ瓶の口を下向きにしてシャーレに自立させる。

❷電流を流し始める

ステンレスの針に導線を接続して，9Vの乾電池から電流を流し始める。実験中の様子をしっかり観察して記録する。

❸結果を確認する

ステンレスの針の表面の様子を観察する。表面に銅が付着しなかった方のボトルからピペットで水溶液を採取する。水で1000倍ほどに薄めた赤インクの入った試験管に水溶液を数滴滴下して，色の変化を確認しよう。

陰極側の針には銅が付着する

左が水溶液を滴下した試験管

❹考察する

化学式や結果を参考にして考えよう。それぞれの反応を考えるには化学式が重要になってくる。時間があれば，この装置で水の電気分解（薄い水酸化ナトリウム水溶液）をするとどうなるかやってみるのもよいだろう。

注意：塩化銅水溶液の廃液処理は適切に行うこと。ろ過して再結晶し，次の機会に利用するとよい。

3年・化学分野　化学変化とイオン／水溶液とイオン

難易度 ★☆☆

ジュースやカレー粉を指示薬にして，水溶液の性質を調べよう！

水溶液の性質を調べるためには，リトマス紙やBTB溶液を利用します。リトマス紙は昔，リトマスゴケというコケの仲間からつくられていました。植物の色素には，水溶液の性質によって色が変化するものがあります。ブドウジュースなどを使って，水溶液の性質を調べてみましょう。

用意するもの

ジュース各種（ブドウ果汁などが含まれた，色の濃いものがよい），カレー粉，エタノール，ビーカー，ピペット，絵画用パレット，ＢＴＢ溶液，あらかじめ調製した酸性・中性・アルカリ性の水溶液，レモン果汁，食酢，石鹸液，こんにゃくの汁など

準備の手順（所要時間10分）

①カレー粉の色素は主にターメリック由来のクルクミンである。この色素はエタノールの方が抽出しやすいので，エタノールに入れておく。

②ジュース類も事前に水溶液の性質によって色が変化することを確認しておいた方がよい。アントシアニンが多く含まれるものがよい。

予備実験（所要時間10分）

100円ショップなどで入手できる絵画用パレットは少量の試薬で実験でき，色の変化がわかりやすいので便利。少量のジュースやカレー粉入りのエタノールをパレットに入れ，その後酸性・中性・アルカリ性の水溶液をピペットで滴下していく。できるだけ反応のはっきり出るものを選んで実験に用いる。

授業場面の実際（所要時間10分）

❶指示薬（ジュース・カレー粉入りのエタノール）と検査する水溶液を並べる

絵画用パレットに，少量のジュースと，カレー粉入りのエタノールを入れていく。比較対象としてBTB溶液も一緒に準備しておくとよい。

❷呈色を確認する

酸性・中性・アルカリ性の水溶液をピペットで滴下する。BTB溶液を参考に水溶液の性質と指示薬の呈色を比較し，表にまとめる。

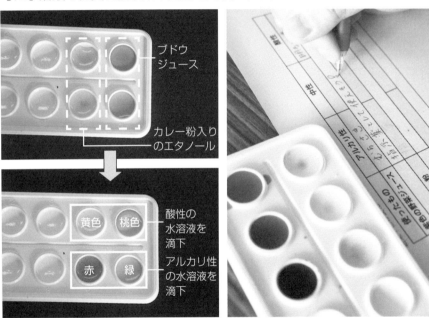

❸発展

他に色の変化がありそうなジュースなどがないかを考え，家庭で実験できる方法を考えさせる。また，水溶液として，酸性水溶液にはレモン果汁や食酢，アルカリ性水溶液としては石鹸液やこんにゃくが入っているパッケージの汁などを使うことができるということを紹介する。

3年・化学分野　化学変化とイオン／水溶液とイオン

難易度 ★★☆

中和で塩をつくろう！

酸とアルカリを混ぜると水ができて、中性になります。これが中和ですが、そのときに塩が生じます。濃い水溶液を用いてエタノールにとけない食塩の結晶ができる様子を確かめましょう。

※水溶液はいずれも濃いものを使うので、演示実験にするのが望ましい。

用意するもの

エタノール，濃塩酸，水酸化ナトリウム，防護メガネ，電子天秤，ピペット，試験管，試験管立て，リトマス紙，ろ紙，ビーカー，シャーレ

準備の手順（所要時間10分）

①必ず防護メガネを装着する。
②反応させる試験管を試験管立てでしっかり固定できるようにする。
③水酸化ナトリウムを電子天秤で3gはかりとり、5mLの水に完全にとかしておく。その水溶液にエタノールを5mL追加してアルカリ性の溶液にする。酸性の水溶液はエタノール45mLに濃塩酸を5mL追加して作成する。

予備実験（所要時間10分）

塩化ナトリウムはエタノールにほとんどとけない。事前に、エタノールに食塩水を滴下して、食塩がとけないことを示す準備をしておくとよい。

※ここで紹介している実験は，
安全に十分に配慮の上行ってください。

授業場面の実際（所要時間10分　※❹の結晶ができるまでに数日かかる）

❶試験管に塩酸エタノール溶液を入れる
　しっかりと固定した試験管に，作成しておいた塩酸エタノール溶液を25 mL入れる（調整用に半分残しておく）。

❷ピペットで水酸化ナトリウムエタノール溶液を追加していく
　ピペットを用いて，絶対にこぼさないように注意して水酸化ナトリウムエタノール溶液を追加していく。

❸白濁の様子を観察し，リトマス紙でチェックする
　水溶液が白濁する様子を確認し，その都度リトマス紙で中性になるまで確認し続ける。中性になったら実験を終える。また，アルカリ性になってしまったら，残してある塩酸エタノール溶液を追加して調整する。

❹ろ過して結晶を確認する
　結晶の形から塩化ナトリウムであることを確認できるようにする。中性になったものをろ過し，沈殿をピペットで取り出して，シャーレなどに移し，ゆっくり蒸発させる。数日かかるが，右写真のように大きめの結晶ができるようにするとわかりやすい。どうしても短時間で確認するには炎色反応を確認する方法もある。ナトリウムの炎色反応はオレンジ色。

第2章　手軽にできる！　観察・実験のアイデア50

3年・化学分野　科学技術と人間／エネルギーと物質

難易度　★☆☆

バイルシュタイン試験で, プラスチックの分類をしよう!

プラスチックの性質を分類するときは，密度や燃え方で確認することが多いです。プラスチックの中には塩素を含んでいるものがあります。ここに着目すると，新たな視点で分類することが可能になります。その方法を確認していくことにしましょう。

用意するもの

色々なプラスチック（ペットボトルの本体やキャップ，消しゴム，食品用ラップ，発泡ポリスチレンなど），銅線（太めのもの），ガスバーナー，割り箸

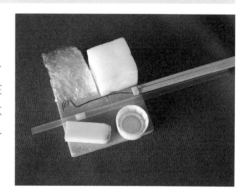

準備の手順（所要時間10分）

①プラスチック片を5mm角程度に切り分けておく。
②銅線を15cm程度に切り分け，持ち手になる割り箸に巻きつけておく。先端部はらせん状に丸めておくと結果がよりはっきりする。

予備実験（所要時間5分）

銅の炎色反応を確認することになるため，銅線をガスバーナーの炎の中でよく加熱して酸化させる。はじめは銅の炎色反応が出て炎が緑色になるが，炎の中で加熱することで表面が酸化銅になり炎色反応が出なくなる。ポリ塩化ビニリデン（食品用のラップの一種）に加熱した銅線をつけてとかし，再度炎に入れると緑色の炎色反応が出る。これがバイルシュタイン試験である。

※ここで紹介している実験は，
　安全に十分に配慮の上行ってください。

授業場面の実際（所要時間10分）

❶色々なプラスチックを並べる

実験に使う様々なプラスチックを並べ，水との比較で密度を測定したり，火をつけてどのような反応をするのか確認しておく。

❷バイルシュタイン試験

よく熱した銅線をプラスチックにつけて，とかしとる。その後，再び炎の中に銅線を入れて反応を見る。反応の有無でもうひとつの分類方法に気づく。

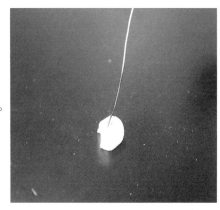

❸反応の様子を見て分類

銅の炎色反応が出るプラスチックのグループは，炭素・水素の他に塩素を含んでいるものである。一昔前，この塩素が含まれているプラスチックはダイオキシンを発生させ，様々な問題を引き起こすとされてきた。この問題は複雑で，現在は大気汚染防止法等で焼却炉などからの放出は厳しく制限されている。

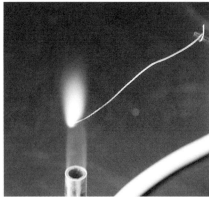

❹反応の原理

酸化した銅に，ポリ塩化ビニリデンなどに含まれる塩素がついて反応し塩化銅ができる。

この塩化銅が緑色の炎色反応を示すのである。

第2章　手軽にできる！　観察・実験のアイデア50

3年・生物分野　生命の連続性／生物の成長と殖え方

難易度
★★☆

プレパラートをつくって，様々な花粉のつくりを観察しよう！

種子植物は，種子をつくって子孫を増やします。そのとき，おしべの花粉がめしべにつく必要があります。花粉症の原因になる，空気中を漂うほど小さな花粉から，よく見ると案外その形がはっきりわかる大きめの花粉まで様々です。花粉を本来の形で観察するために，少し工夫をしてみましょう。

用意するもの

様々な植物の花（風媒花と虫媒花両方。花粉が大きなユリなどもよい），顕微鏡，スライドガラス，カバーガラス，ゼラチン，グリセリン（薬局などで入手可），水，爪楊枝，ガスバーナー，フェノール（あれば）

準備の手順（所要時間15分）

①グリセリンゼリーをつくる。ゼラチン10ｇ，水35 mL，グリセリン60 mLの割合で混合して湯煎でとかし，冷やして固める。もし入手できれば，フェノール（石炭酸：防腐剤）をほんの少し追加しておくと長期間保存できる。
②いろいろな植物の花を準備して，花粉を採取できるようにしておく。マツ・スギなどの風媒花，アサガオなどの虫媒花両方を準備しておく。

予備実験（所要時間10分）

グリセリンゼリーをスライドガラスの上に爪楊枝で少量とって，ガスバーナーで加熱してとかす。その後，グリセリンゼリーの上に花粉を置き，固まる前にカバーガラスをかけて冷やす。ここで，スライドガラスに置くグリセリンゼリーの量がどれくらいであればカバーガラスから溢れ出さないのか確認しておく。

※ここで紹介している実験は，
安全に十分に配慮の上行ってください。

授業場面の実際（所要時間20分）

❶グリセリンゼリーをとかす

グリセリンゼリーを爪楊枝で少量すくってスライドガラスの上にのせ，下からガスバーナーで加熱してとかす。広がりすぎないように丁寧に作業をしよう。

❷花粉を置く

とけて広がったグリセリンゼリーの上に，花粉をできるだけ重なり合わないように置く。めしべを擦りつけて直接つける場合は，グリセリンゼリーにめしべがついてそのまま固まってしまわないようにそっと行う。その後，気泡などが入らないように十分注意して，カバーガラスをかける。グリセリンゼリーが溢れたら拭き取ればよいが，できるだけ溢れないように注意。ここの作業はやり直しができないので慎重に。

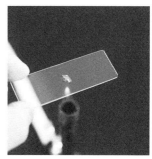

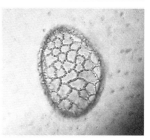

ユリの花粉（100倍）

❸顕微鏡で観察する

グリセリンゼリーから水分をもらった花粉は，本来の姿で観察することができる。空気中でそのまま観察すると，乾燥して縮んでしまった花粉を観察していることになってしまう。風媒花であるスギやマツの花粉は，運ばれるため，大変小さかったり空気袋をもっていたりする。虫媒花であるアサガオなどの花粉は，ヒゲのようなもので昆虫の体にくっつきやすくなっていることもある。植物によって大きさも全く違う。様々な花粉の様子を調べよう。

3年・生物分野　生命の連続性／遺伝の規則性と遺伝子

難易度　★☆☆

ピーターコーンで、メンデルの実験を追体験しよう！

今は品種改良などでいろいろなトウモロコシが売られています。多くのトウモロコシの粒の色は黄色か白色です。黄色は優性形質ですから、2つが混ざり合っているピーターコーンの種子は優性の法則が適応され、黄色：白色＝3：1になっています。実際に数え、遺伝の法則を見出すためにメンデルが取り組んだ壮大な実験を追体験してみましょう。

用意するもの

ピーターコーン（真空パックのものも売られている）、油性のペン、食品用のラップやアルミホイルなど

準備の手順（所要時間5分）

①ピーターコーンが真空パックで売られているものでない場合は、食用にできるように茹でるなどの処理をしておく。

②ラップや記録用の油性ペンなどを準備する。方法によって準備するものは変わってくる。

予備実験（所要時間10分）

学級の実態に合わせて、下記のどちらが適切な方法か検討する。

＊**ラップをして油性ペンで記録していく方法**…はじめにピーターコーンをラップで巻き、黄色・白色をそれぞれ数えていく。そのとき、数えたものには油性ペンで記録をしていく。

＊**種子を外して数える方法**…配付されたものを1粒ずつ外して、アルミホイルの上に黄色・白色を分けて並べていき、最終的にカウントする。

授業場面の実際 (所要時間20分)

❶実験方法を確認する
　実験は非常に単純だが，根気と丁寧さが必要であることを告知する。班ごとの黄色・白色の粒の数を正確に記録し，最終的にクラス全体のデータから比率を求めることを事前に必ず確認する。

❷数え始める
　予備実験を参考にして，クラスの実態に応じたカウント方法を確認する。特に，何人かで分けるときに包丁などを使う場合，1つの粒が2度カウントされることがないように注意する。数は複数人で確認し，正確に記録する。

❸結果の交流と分析
　各班の結果を黒板などに書き出し，全員で総計を確かめる。黄色と白色の総計から比を計算する。

※可能であれば…
　衛生的に実験をできたのであれば，分けて食べるなど，適切に処理する。

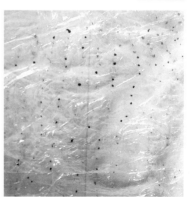

印をつけたラップを開いたもの

3年・生物分野　自然と人間／生物と環境

難易度 ★☆☆

フクロウのペリットで，食物連鎖のイメージを実感しよう！

　私たちは，生物同士のつながりの中で生きています。植物が光合成で栄養分をつくり草食動物が食べ，それを肉食動物が食べています。人間はそのどれもを食べているわけですが，食物の流れはなかなか理解しにくいものです。そこで，肉食の鳥類であるフクロウのペリット（未消化物を吐き出したもの）を利用して，食物連鎖について考えてみましょう。

用意するもの

　メンフクロウのペリット（※），ピンセット，ゴム手袋，竹串，白い紙，マスク

※消毒されたものが理科の教材屋で販売されている。インターネットで「Owl Pellet」と検索すれば海外の教材店からいろいろなサイズのものが購入できる。

準備の手順（所要時間5分）

①メンフクロウの生活に関する資料を作成する。肉食動物であること，75日間程度の育雛期間中に親子で1000匹ものネズミを食べることなどを提示できるようにする。

②ペリット内から発見したものを確認できるようなネズミの骨格図などを用意できるとよい。

予備実験（所要時間10分）

　配付するものと同サイズのペリットを実際に分解してみる。その中に含まれているネズミの骨格をできるだけ綺麗に分類して整頓し，どの部分の骨なのかをわかりやすく配置しておく。頭骨が出てきた場合は，目の部分や歯の様子などもわかるように見せる工夫をしておきたい。

授業場面の実際（所要時間20分）

❶ペリットを外部から観察する

各班にペリット，分解に使う用具一式を配付し，方法を説明する。配付されたペリットをアルミホイルから取り出し，外部を観察する。

❷分解する

どのように分解していくのかを話し合い，白い紙の上で，手分けをして分解していく。消毒は十分してあるが，毛などを吸い込まないよう必ずマスクをする。細かい骨も残さず回収し，骨格見本のどの部位にあたるのかがわかりやすいように並べてみる。

❸食物連鎖のイメージを確立する

1つのペリットから出てきた骨からメンフクロウの生活の様子を討論してみよう。その中で，75日間で1000匹ものネズミを食べるという事実や，そのネズミを維持する環境をしっかりイメージし，それぞれの生物の生活の様子を考えよう。

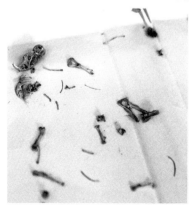

❹身の回りの生物のつながりを考える

メンフクロウは日本にはいない生物である。このペリットからわかることを，身の回りの生物相におきかえて考えてみよう。

3年・生物分野　自然と人間／生物と環境

難易度 ★★☆

米麹を使って，分解者の働きを実感しよう！

　ここでは，日本の国菌にも指定され，お酒や味噌・醤油づくりなどに利用される米麹（ニホンコウジカビ）の分解する力を実験で確かめてみましょう。米麹を培地に直接置くことによる分解と比較するために，唾液とニホンコウジカビの懸濁液による分解も同時に実験します。分解者の働きを実感することができる実験です。

用意するもの

　市販の米麹（ニホンコウジカビ），デンプン，寒天，シャーレやタッパーなどの密閉容器，ヨウ素液，ガラス棒など

準備の手順（所要時間10分）

①デンプンを1％含む寒天溶液を作成し，密閉容器に分注し，寒天培地を作成しておく。培地の厚みは5mm程度で十分である。複数の学級で実験する場合，乾燥させないようしっかり密閉すれば比較的長期間保存できる。
②米麹は袋から出し，湿度を保った容器で2〜3時間おいてニホンコウジカビを活発にする。実験前日，培地に数粒置いておく。
③米麹がひたひたになる位の水を加え，ニホンコウジカビの懸濁液をつくる。

予備実験（所要時間15分）

　寒天培地をつくる際に余った溶液にヨウ素液を滴下し，ヨウ素デンプン反応の様子を確認しておく。また，培地に米麹を数粒置き，翌日ヨウ素液を滴下し反応を確かめる。12時間ほどで相当な範囲のデンプンを分解できることがわかる。その他に，ニホンコウジカビの懸濁液・約5倍に薄めた唾液の懸濁液を培地に塗って約10分放置し，ヨウ素デンプン反応を確かめる。

授業場面の実際（所要時間30分）

❶懸濁液を培地の上に広げる

唾液・ニホンコウジカビの懸濁液を、それぞれ培地の上に広げる。このとき、わかりやすいようにガラス棒などで文字を書くように広げるとよい。10分間放置する。

培地に置いた直後

❷前日から米麹を置いてある培地を使う

❶を放置している間に、前日から米麹を置いていた培地の様子を観察する。菌糸を伸ばし、中には胞子が見える状態になっているものもあることを確認する。

前日から培地の上に放置した米麹

❸ヨウ素デンプン反応を確かめる

❶・❷の培地にヨウ素液を滴下して全体に広げる。このとき、❷については邪魔であれば米麹は取り除いてもよい。下の写真は、それぞれのヨウ素デンプン反応後のものである。それぞれの反応を確認し、デンプンが何によって分解されているのかを考察する。

  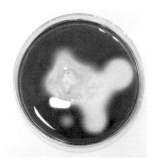

唾液の懸濁液　　　ニホンコウジカビの懸濁液　　　米麹を直接置いたもの（米麹は取り除いてある）

3年・地学分野　地球と宇宙／天体の動きと地球の自転・公転

難易度 ★☆☆

デジタル地球儀「ダジックアース」で，リアルな地球を観察しよう！

様々な実験をしていく中で，なかなかハードルが高いのが天体の学習です。京都大学大学院理学研究科の地球惑星科学輻合部可視化グループ（リーダー：齊藤昭則氏）が中心になって進めているデジタル地球儀「ダジックアース」を紹介します。気象の単元や星の単元でも有効活用できます。アプリケーションや詳しい利用方法は https://www.dagik.net/ にあります。

用意するもの

「ダジックアース」のアプリケーション，ＰＣ，プロジェクター，球形・半球形のスクリーン（表面が白くて丸いものであればＯＫ。白い風船やスチロール球は安価で入手できる）

筆者は白色のビーチボールを使用

準備の手順（所要時間5分）

①「ダジックアース」は，教育目的であれば無料で利用できる。球形スクリーンにプロジェクターで地球や惑星を投影することができるアプリケーションである。サイトから自分のＰＣ環境に合ったアプリケーションとデータをダウンロードする。
②球形スクリーンを準備する。膨らませるものは，大きいと時間がかかる。
③画像がうまく映るようにスクリーンとプロジェクターの高さを調整する。

予備実験（所要時間5分）

アプリケーションのインターフェースは大変わかりやすい。スクリーンを固定してプロジェクターでちょうどよい位置に映すための工夫が最も重要である。教室内が暗いほどよりリアルに実感できるので，合わせて工夫したい。

授業場面の実際（所要時間10分）

❶季節を選択する

アプリケーションで「地殻・地球内部」を選択し、実施時期に近い季節（3月・6月・9月・12月）を選択して球状スクリーンに投影すると、自転の様子や、その季節の日照の様子を見ることができる。数日間の動きを観察し、日本の位置に気づかせる。

❷他の季節の様子も見る

他の3つの季節を選択して実行し、❶との違いに気づかせる。

❸視点を変えて見る

自転の様子を、自転軸側（北極上空）から観察して、どのように見えているのかを観察し、日照時間の違いを確認する。

❹さらに視点を変える

南半球側など様々な視点から地球の自転を観察し、気づいた点をまとめていく。特に北半球と南半球の季節の逆転に気づかせたい。

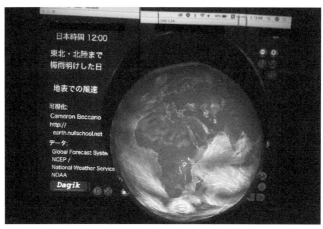

3年・地学分野　地球と宇宙／天体の動きと地球の自転・公転

難易度
★☆☆

手づくり高度計で，太陽の高度をはかってみよう！

太陽の高度に関することは，今まで透明半球で季節による変化を確認すること程度で終わっていました。ところが近年は再生可能エネルギーが注目され，太陽光パネルの角度などが入試問題に出されるようになってきています。そこで，簡単な実験装置を作成して，興味をもたせていきましょう。

用意するもの

ラップなどの筒，分度器，実験スタンド，おもり（20ｇ程度で十分），両面テープ，画鋲，糸，厚紙，薬包紙

準備の手順（所要時間15分）

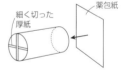

①厚紙を筒の直径に合わせて細く切る。2本で十字をつくり，筒の先端に両面テープで貼る。
②筒のもう一方の先端に薬包紙を貼りつける。
③分度器の中心に穴を開けて画鋲を通し，糸を結びつける（右図）。糸の先におもりをつける。
④分度器を両面テープで筒につけて装置は完成。

予備実験（所要時間15分）

晴れた日に筒を太陽の方に向けて，スクリーン（薬包紙）に映る影ができるだけ真円で，十字も広がらずきれいに見える角度を探っておく。太陽にまっすぐ向かっていないと，高度が正確にはかれない。糸は細いほど正確に角度を読み取ることができる。分度器の数値から，予備実験時点での太陽の高度を測定する。方位磁針などで方角を記録するのもよい。

授業場面の実際（所要時間10分）

❶装置を組み立てる

　太陽の高度を観察する装置であるという趣旨を説明し，班ごとに装置を組み立てる。高度計の仕組みを理解するためにも，1から組み立てさせることをおすすめする。先端に貼りつける十字の厚紙は，もっとも注意が必要なので，曲がってしまわないように助言する。

❷装置を太陽の方向に向ける

　スクリーン（薬包紙）に映る影ができるだけ真円で，内部の十字の影も広がっていない状態になるよう，実験スタンドを使って固定する。スタンドのクリップでラップの芯をつかめない場合は，2台を近づけてクリップ2個の上に静置するなどの工夫をする。このとき，太陽を直視しないよう注意する。

❸角度を読み取る

　糸の角度を分度器から読み取って，太陽の高度を計算する。90度からの差が太陽の高度である。スタンドを工夫して設置してもよいが，複数人で観察するときは手持ちでも可能。

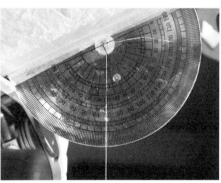

上図の太陽の高度は20°

❹時間・季節による高度の違いを確認する

　時間による高度の違いや季節による高度の違いなどを記録しておくとよい。

3年・地学分野　地球と宇宙／太陽系と恒星

難易度 ★☆☆

発泡トレイの上で，小さなオリオン座をつくろう！

冬の星座として有名なオリオン座。実際には，地球からの距離はまちまちですが，あまりにも遠いので距離がはっきりせず，天球上に張りついて見えるから星座の形ができているのです。オリオン座を構成する星を，地球以外の視点から見てみましょう。

用意するもの

まち針（頭が赤1本，青1本，白5本が理想），発泡トレイ，ラップの筒など

準備の手順（所要時間10分）

①発泡トレイのサイズに合わせて，オリオン座の7つの星の距離を計算する。右の写真のように，250光年ごとに2000光年まで印をつける。それぞれの間隔は，発泡トレイの大きさによって最大限とれるように計算して求める。
②まち針を刺す位置を確定する。

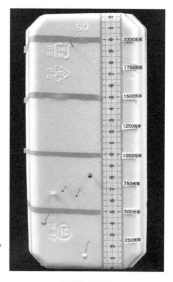

下が地球側

予備実験（所要時間10分）

　発泡トレイのサイズと全体の縮尺を計算しておく。実際にまち針を刺し，地球側から見たときにオリオン座の形になる高さを把握しておく。

　全体の広がりを意識させるためにはできるだけ大きくモデルをつくる方がよい。ただ，大きくなるとオリオン座の形にするのが難しくなるので，前後比を大きくとることが大切。

授業場面の実際（所要時間20分）

❶素材を配付する
　各班にモデル作成に必要な道具をそろえ，配付する。針が含まれるので，散逸しないように十分注意させる。

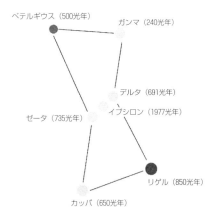

❷実際の星の距離を提示する
　右の図を参考にして，それぞれの星の地球からの距離を提示する。

❸星の位置に針を刺す
　発泡トレイに，星の位置から換算した縮尺で250光年ごとに印をつける（前ページ写真参照）。地球からの距離に相当する位置から形を確認しながら，発泡トレイに針を刺す。リゲルには青，ベテルギウスには赤のまち針を使う。

　まずは高さを考えずにまち針を刺し，その後オリオン座の形になるように高さを調整すると綺麗に仕上がりやすい（右写真参照）。

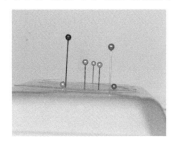

　発泡トレイの範囲内で，できるだけ大きくモデルをつくるのがよい。教師は準備・予備実験で把握した距離に基づいて助言して回る。

❹観察する
　出来上がったら，望遠鏡で観察するようにして，ラップの芯などを使って覗き，オリオン座の形であることを確かめる。その後，地球側以外の別な視点からも観察し，星それぞれの本来の位置をイメージする。

おわりに

　今回，色々と取り組んできた内容を1冊にまとめる機会をいただきました。教科書にあまりとらわれず，自分勝手にやってきた内容ではありますが，サークルの活動の中などで多くの仲間から意見をもらい，より使える形になってきたように感じています。

　個人で考えついてできることはおそらくごくわずかです。多くの人の意見を聞いて改良していくことが重要なのです。ですが，構想しているだけでは何も進みません。実際に手を動かしてやってみることで，色々わかってくることがあります。ここにまとめた内容は様々な人の意見や改良をいただいたものということになります。ですから，この本はきっかけづくりのひとつになればよいと思っています。つまり，この実験はこれでやれば完璧ですというものではなく，まだまだ工夫の余地はあるでしょうし，もっとよい素材もあるでしょう。そんなことを思いつくためのきっかけにしていただけると幸いです。

　もちろん，それは授業する教師側だけの話ではありません。生徒たちが実際にやってみて感じることは，教師たちが思っていることとは大きく違うはずです。それをもとに，さらなる改良が進むのが最もよい流れだろうと考えています。

　自分たち教員はゆっくり時間をかけて準備をするということが年々難しくなってきています。本書には細かく目安の時間も書いてあります（あくまでも目安ではありますが）から，今からの準備でもこれならいけるな！　というのを1つでも2つでも授業に生かしていただけると，きっと生徒たちの目のキラキラする様子に気がついて，「またやろうか！」という気持ちになっ

てくるはずです。

　日本の教育は，こうやって培われてきた世界の中でもトップクラスのクオリティーをもっているはずです。そんなプライドをもちながら，今日もまた色々なところの仲間が頑張っているんだと信じながら，「もっともっと丁寧に伝えていこう」という気持ちをもって，この先も取り組みを進めていければと考えています。読者の皆さんにも，そんな気持ちが少しでも伝わると幸いです。

　今回まとめていく過程で，いろいろなことを感じました。実験や作業をするもとになるということを考えると，当然のことなのですが，今まで取り組ませていただいてきたエッセイ的な内容のものとは違う，とてつもない細かさを求められるのだということを実感させられました。

　最後になりますが，編集の小松由梨香さんをはじめ，明治図書の色々な方に大変お世話になりました。編集の過程で痛感したのが，「行間の伝え方の難しさ」でした。対面して授業を進めるのと大きく違い，様々な面に細かな配慮をし，「活字として伝える」という作業の大変さを実感する機会を得た気がします。授業での説明でも自分では伝わっていると思っていてもなかなか伝わっていなかったことがあるのかもしれないなと，反省しきりです。

　2018年7月

青野　裕幸

【著者紹介】
青野　裕幸（あおの　ひろゆき）
楽しすぎるをバラまくプロジェクト（http://www.tanobara.net）代表，『理科の探検』誌副編集長，公立中学校教員。
色々な実験を取り入れた授業を楽しむ毎日。実験マニアと思われているが，それが当たり前だとも思っている。趣味は国内外問わず放浪的な旅行と骨格標本づくり。最近はもうつくらないようにしようと決心したものの，色々なところから「見つけたけど骨いるよね？」という感じ。
「楽しすぎるをバラまくプロジェクト」を結成し，その道のプロに色々とお話をしてもらいながら，まだまだ自分は浅いなぁと痛感し，日々勉強中。

中学校理科サポートBOOKS
手軽にできる！
中学校理科　観察・実験のアイデア50

| 2018年9月初版第1刷刊 | ©著　者 | 青　　野　　裕　　幸 |
| 2019年10月初版第2刷刊 | 発行者 | 藤　　原　　光　　政 |

発行所　明治図書出版株式会社
http://www.meijitosho.co.jp
（企画・校正）小松由梨香
〒114-0023　東京都北区滝野川7-46-1
振替00160-5-151318　電話03（5907）6701
ご注文窓口　電話03（5907）6668

＊検印省略　　　組版所　藤原印刷株式会社

本書の無断コピーは，著作権・出版権にふれます。ご注意ください。

Printed in Japan　　　　　　ISBN978-4-18-203823-5

もれなくクーポンがもらえる！読者アンケートはこちらから →

中学校 新学習指導要領 理科の授業づくり

宮内卓也

新学習指導要領を教室の学びに落とし込む！

資質・能力、見方・考え方、探求の過程、主体的・対話的で深い学び…など、様々な新しいキーワードが提示された新学習指導要領。それらをどのように授業で具現化すればよいのかを徹底解説。校内研修、研究授業から先行実施まで、あらゆる場面で活用できる1冊！

もくじ

- 第1章　新しい学習指導要領の概要
- 第2章　資質・能力の三つの柱と授業づくり
- 第3章　学習内容の改訂と授業づくり
- 第4章　理科の見方・考え方と授業づくり
- 第5章　学習過程と授業づくり
- 第6章　カリキュラム・マネジメントと授業づくり
- 第7章　評価と授業づくり
- 第8章　教員を目指す学生，若手教師と授業づくり

168ページ／Ａ5判／1,900円+税／図書番号：2865

明治図書　携帯・スマートフォンからは **明治図書ONLINE** へ　書籍の検索、注文ができます。　▶▶▶

http://www.meijitosho.co.jp　＊併記4桁の図書番号でHP、携帯での検索・注文が簡単に行えます。
〒114-0023　東京都北区滝野川7-46-1　ご注文窓口　TEL 03-5907-6668　FAX 050-3156-2790

＊価格は全て本体価格表示です。